狼山

陆路·著

符号江苏·口袋本

LANG SHAN

江苏凤凰美术出版社

图书在版编目（CIP）数据

狼山 / 陆路著. -- 南京：江苏凤凰美术出版社，2024.2

（符号江苏：口袋本）

ISBN 978-7-5580-9745-4

Ⅰ.①狼… Ⅱ.①陆… Ⅲ.①山-文化-南通 Ⅳ.①K928.3

中国国家版本馆CIP数据核字（2023）第198635号

责任编辑　王　煦
装帧设计　赵　秘
设计指导　曲闵民
责任校对　曹智滔
责任监印　张宇华
责任设计编辑　陆鸿雁

书　　名	狼山
著　　者	陆　路
出版发行	江苏凤凰美术出版社（南京市湖南路1号　邮编：210009）
制　　版	南京新华丰制版有限公司
印　　刷	南京新世纪联盟印务有限公司
开　　本	787mm×1092mm　1/32
印　　张	5.875
版　　次	2024年2月第1版　2024年2月第1次印刷
标准书号	ISBN 978-7-5580-9745-4
定　　价	45.00元

营销部电话　025-68155675　营销部地址　南京市湖南路1号
江苏凤凰美术出版社图书凡印装错误可向承印厂调换

"符号江苏"编委会

主　任　张爱军

副主任　赵金松　章朝阳　胡　竹　徐　海

委　员　张潇文　樊　明　陈　敏　龚文俊

　　　　周　彬　王林军　刘沁秋　白立业

　　　　徐　辰　舒金佳

目 录

引 言 …………………………………… 001

第一章 五山揽胜
第一节 自然景观…………………………… 003
第二节 江山如画…………………………… 019
第三节 生态样板…………………………… 031

第二章 古刹名寺
第一节 狼山广教寺………………………… 047
第二节 军山普陀别院……………………… 062
第三节 剑山文殊院………………………… 071

第二章 人文遗珍
第一节 摩崖石刻…………………………… 079
第二节 碑碣墓坊…………………………… 097
第三节 山舍园林…………………………… 118

第四章 典故传说

第一节 秦始皇驻军狼五山…………… 141

第二节 大圣僧伽与南通…………… 146

第三节 骆宾王终迹之谜…………… 156

第四节 高僧鉴真"狼山海"遇险记…………… 165

后　记…………… 171

引 言

大江东去，穿越千年时空，挟持万里烟云，像一条巨龙在中华大地上舞动，飞向大海，跃入浩瀚的太平洋。长江入海口的北岸，有五座山峰，它们南临大江，以激情澎湃的松涛，为长江奔腾万里的最后冲刺呐喊助威；它们比肩矗立，以遒劲挺拔的身姿，筑起滚滚江流汇入世界大潮的零号"里程碑"。

这五座山峰以狼山为中心，东有军山、剑山，西有马鞍山、黄泥山，自东而西逶迤四五千米，时常被合称为"狼五山"，或者"南通五山"。狼五山位于江苏省南通市主城区的南郊，山水相依，而又城山相拥。自古以来，它们既是军事上的江北第一要塞和出江入海的第一门户，又是镶嵌在江海平原、长江之畔，集宗教、人文和生态价值于一体的五颗璀璨的明珠。

秦汉之时，狼五山即体现出军事价值。因为地处江海交汇的战略要冲，这里被历代兵家视为扼海控江的军事重镇。地方文献记有秦始皇驻兵军山、剑山的传说；唐末、五代狼五山即驻军戍守，狼山海域也多发生水上战事；通

狼五山位于长江入海口北岸

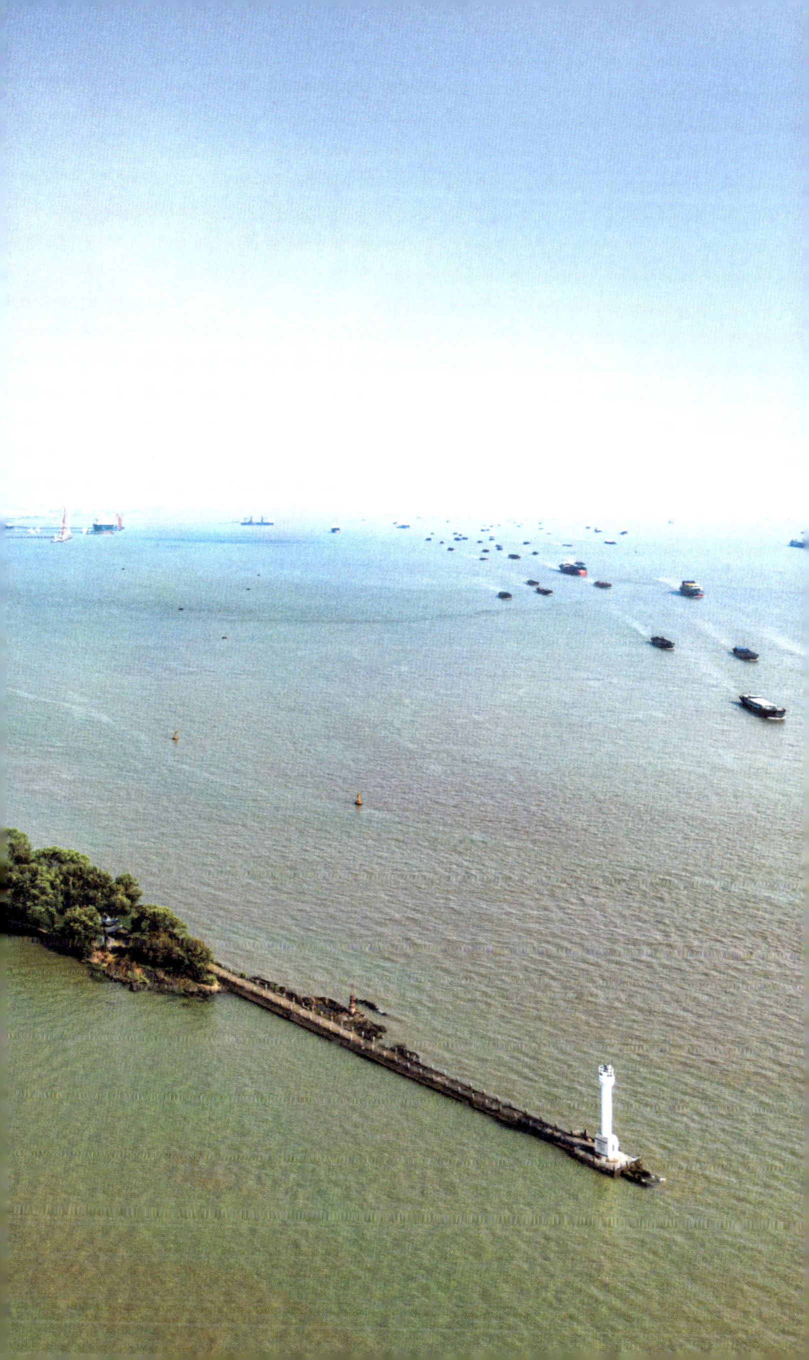

州初建即构筑城池,形成城山相依的防御体系;直至今天,狼山地区存留的炮台街、阅兵台、战备坑道等遗迹,还在向人们讲述着那些峥嵘岁月。随着狼五山登陆,与长江口相距渐远,狼五山的军事地位才有所下降。

魏晋之时,狼五山始有宗教文化,经过历代建设终成佛教名山。东晋年间,即有道教信徒隐居狼五山炼丹修仙;唐代狼山建有慈航院,宋时的狼山寺院已成规模。此后军山有普陀别院、剑山有文殊院,马鞍山和黄泥山在历史上也曾有"五洞十庵"。狼山前尊大势至菩萨、后敬大圣菩萨,一寺两供奉的模式在江海佛门中独树一帜,与庐山、嵩山、衡山等同列中国佛教"八小名山"。狼山广教禅寺,被列为佛教汉传地区全国重点寺院和全国重点文物保护单位,入选"中华佛教一百名寺"。

宋元之时,狼五山已成人文胜地。山上峦崖岩洞、塔殿寺院,山下竹林精舍、阡陌纵横,狼五山与长江相辉映,酷似浑然天成的山水画卷。历代文人雅士游五山,望长江,留下石刻遗存数十处、诗文万余篇。宋代有王安石"遨游半在江湖里,始觉今朝眼界开"的赞美与感悟,明清有"长啸一声山鸣谷应,举目四顾海阔天空"的气势和胸襟。五山地区目前有全国重点文物保护单位两处、江苏省级文物保护单位 5 处和南通市级文物保护单位 9 处。狼五山荟萃了佛塔、碑碣、亭轩、楼阁、墓茔、园林等古代、近代的众多文化遗迹，还有大量的古树名木，堪称南通人文古迹的大观园。

进入新时代以来，狼五山是生态修复与保护的全国样板。2016年初开始，五山地区定位于全国有影响的长江大保护样板区、长三角生态旅游新地标和南通城市"绿肺"，相继搬迁散乱污企业，腾出沿江岸线12千米，经历了变"锈带"为"秀带"的脱胎换骨。通过高标准规划和大规模建设，以狼五山为核心的"江苏南通狼山国家森林公园"，成为江苏省最美生态修复案例，打造出全国生态修复的样板。如今，狼山国家森林公园鸟飞鱼跃，山水如画，成为万里长江入海口的最美生态屏障。

江海第一山

滚滚长江东逝水，巍巍五山依江立。南通有"扬子第一窗口"之称，狼山享"江海第一山"美誉。江苏南通狼山国家森林公园，有山水的灵秀、江海的浩荡、天地的辽阔，还有丰富的物质文化遗产和非物质人文资源。它不仅是南通的一个重要文化地标，还是组成和凸显江苏人文底蕴的一个靓丽符号。

真诚希望您能够通过"狼山"这个窗口，对南通的人文特色有个初步的了解，并且通过这本书的阅读，掌握一条获取信息的重要途径，由此深入考察和熟悉南通，进而认识和领会整个江苏的文化底蕴。

第一章 五山揽胜

第一节　自然景观

　　万里长江，一路高歌猛进，横扫无数名山大川，阅尽天下秀丽景色。掠过长三角，即将注入大海的最后时刻，豁然间江阔潮平、烟波浩荡。汹涌的江流一改澎湃咆哮的激越气势，从容而舒缓地向东流淌，在江之尾、海之端的江海大平原，留下了最为靓丽的一抹精彩：南通五山风光。

　　南通五山并不高，山体最高的军山，海拔只有 108.5 米，狼山以 104.8 米居第二，其后有剑山 80.5 米、马鞍山 49.4 米和仅有 29.3 米的黄泥山。如果放在重峦叠嶂、奇峰耸立的山区，狼五山纯属几个玲珑小巧的无名小兄弟。然而，它们在沃野千里、一马平川的江海平原上拔地而起，在滚滚东流、波澜壮阔的长江之滨直插蓝天，加之临江高耸的陡峭山势，五座小山因此尤显雄伟突兀，气势非凡。

　　南通五山风光旖旎，四季皆景，而以居中的狼山独具特色。一山之间南北各异，气象万千，美不胜收。

　　狼山之名，一说山上曾有白狼，还有一说从远处眺望，其山形像狼。就山形而言，狼山峰峦雄伟、峻岭挺拔，面

入山之门

狼山之名的由来

狼山风光"南畅北幽"

向大江敞开胸怀，傲然舒展。狼山是一座典型的半屏山，如果从东、西两侧去看，大致像个立起的直角三角形，南、北两坡极不对称。狼山南坡沿岩层走向延伸，似乎直角三角形的那条长而缓的斜边。北麓山崖如同被刀劈斧砍过一般，几乎垂直于地面，恰似那根陡然而立的直角边。这一特殊的山形，使狼山风光自古就有"南畅北幽"之说，山南山北俨然两个世界。

狼山南坡山色清亮、风光明媚、豁达舒畅，佛寺宝塔、亭台楼阁等名胜古迹依山而建，间有山石破土而出，形状各异，吸引着无数游人驻足品赏。从山脚至山巅，春则嫩绿柔香，夏则碧水云霞，秋则五彩缤纷，冬则素裹银装。

满山松柏叠翠、绿树成荫,葱茏的山冈浓似秋云淡似烟,参差绿到大江边,好一番气韵生动的景象。

狼山北麓山深林密、绝壁回音,显得格外空明清幽。悬崖峭壁之下,古木参天,树影陆离,满目斑驳;奇石岩洞之间,鸟语啾啾,虫鸣唧唧,是探幽寻秘的绝佳去处。狼山北麓以奇峰怪石、悬崖岩洞独树一帜。狼山东有葫芦峰,西有香炉峰,山峰北麓峭壁危立,将倾似坠,令人触目惊心,不敢仰视。峭壁之间,"鹁鸪岩"层层叠叠,如砌如截;"观音岩"势如刀劈,鬼斧神工。峭壁之下,有外狭内深的"仙人洞"、内狭外阔的"朝阳洞"和内里足以安放数席盛宴的"夕阳洞",还有千余年来留下众多珍贵石刻遗存的"题名坡"。

狼山香炉峰

第一章 五山揽胜

狼山鹁鸪岩

狼山夕阳洞

狼山这种单斜构造的山体，也叫单面山。距今1.5亿—7000万年前，中国东部发生过地质史上的"燕山运动"，因受到强有力的挤压，许多地区的地壳褶皱并且隆起，逐渐成为绵亘的山脉。此时的狼五山一带地壳也出现断裂和错位，狼山南侧上升，北侧岩层断裂下沉，深埋地下。如今狼山鹁鸪岩、观音岩，剑山东北面、军山东北角的陡崖，大多呈锯齿状，都属于此时形成的断层崖。马鞍山南、黄泥山西南临江一侧的崖壁，陡峭的程度近乎耸立的高墙。此次断裂作用的时间非常长，一直延续到距今2500万年前，迎来著名的"喜马拉雅运动"。江南古陆下沉，成为一片汪洋，狼五山与江南的福山、虞山一样，只剩下几个高顶残留在茫茫波涛之上。喜马拉雅运动使中国版图形成了西高东低的地貌总特征，现代狼五山的身形样貌也形成于这个时期。

军山与剑山，之所以取得如此英武豪迈的山名，相传都与秦始皇相关。旧传秦始皇统一了天下，曾在江海交汇的军山驻军。也有一说为更早的春秋时期，吴王阖闾在此驻军。千百年相传成习，称为"军山"。民间相传，秦始皇东巡至海，曾登剑山，在山石上淬剑，故名"剑山"。剑山东南曾有长达丈余的磨剑石，后坠入大江，剑迹早已不见，只留下"剑迹山"的别称。军山与剑山不仅有着众多的历史名胜、丰富多样的生物，其独特的自然景观，以幽石古壁、岩岈奇峰和众多浑然天成的洞穴最负盛名，无不呈现出大自然造就的奇妙神韵。

五山之中，军山独处东端，山体最高也最大，尤以自然景观享誉古今。军山之巅东西褊狭而平坦，南北纵深而向北延伸出缓坡，整体形似一尊伏象，所以古时也称"象山"。这尊大象尾势在西南，鼻首在东北。军山的东北角山势渐小且略弯，从远处眺望如同象鼻，此处的山岩因此叫作"象鼻岩"。可惜的是，抗日战争时期日军侵占南通，在此开山取石，象鼻岩遭到不小的破坏。

鸟瞰军山，庞大的伏象身躯略呈弧状，弓背向着剑山和狼山，面向东南形成一个月牙形的怀抱。军山的自然景

军山形似伏象

军山水云窝

观大多聚集在这伏象怀抱的上下,其中最具魅力的当数"水云窝"。水云窝位于绝壁之上,相传每逢雨前,此处的山岩吐出云气,时如惊涛骤涌,滚滚不息。人们咫尺相视,满目云遮雾绕,不见身影,水云窝由此得名。水云窝深得历代文人雅士的钟爱,旧时建有静室、书屋,并且留下了许多诗文。清代有诗写道:"水气上为云,云气下为水。溟蒙烟雨时,人在水云里。"清康熙末期,狼山四贤祠迁到这里。乾隆年间,福建名士刘名芳来到南通,寓居水云窝7年,修编《五山志》,在山岩上镌刻"水云窝"三字。水云窝有一巨石圆若立柱,平坦的顶部可容四五人坐卧。月朗星稀,鹤鸣可闻,因而得名"招鹤崖"。水云窝东北崖壁怪石碧苔，参差相错，似锦绣又如画屏，人称"叠锦峦"。附近的山道旁，还有云牙石和品泉石、茶灶石，甘洌的白云泉被誉为"江北第一泉"。白云泉南上方有"蹑云磴"，岩石上的镌刻也为刘名芳所题。"磴"一般指山路上的石阶，这里的岩层恰如石阶一般，层层叠叠，乘云而上，直入碧空。再往上即军山南麓山峰，此峰山石锐利，好似飞啄而出的鹰隼，因此得名"鹰嘴峰"。古人在军山品茗赏石，弈局讲经，灼火煮白云，极具山野之趣。如今，高龄数百年的老茶树蕴含着天地精华，翠色欲滴的新茶园像绿云般层层飘浮在山脊上，军山绿茶远近驰名。

军山水云窝之下峭壁陡立，其色如彩绘，其势如城垣。

军山招鹤崖

军山云牙石

军山自然生态保留地

月牙形的山坳里,藏有许多景观胜迹,因游人罕至,至今保存着生态原貌。自东南麓走进密林深处,举头可见岩壁上有石缝如劈,自岩巅直下数十米。相传吕洞宾在此以石试剑,俗称"试剑石"。试剑石西侧向上,陡峭崖壁间有"白云洞",洞宽10多米,洞内寒沁肌肤,人不能久留,相传黎明时分常有白云飞出。试剑石下有"乱石湾",一湾溪水沿山根而行,累累山石排列在溪流中,如被长鞭驱赶。乱石湾一石一式,有的如鲸翻、虎伏,有的如老人倚立、醉翁僵卧,有的平如席,有的大小如柱、尖如笋、长如桥梁。溪流西向"燕真人洞"而止,岩洞横宽10余米,浅而低,躬身可进入。内壁有行书题刻"燕真人洞"等字迹,相传宋代有道士燕幻在此隐居修行。洞东南不远处有一巨石似天外飞来,高10多米,呈圆柱状,其色如铁,侧有篆书题刻"炼丹台",传为燕幻曾于石上炼丹。炼丹台南一泓碧水,人称"饮马池",相传秦始皇驻兵军山,在此饮马。饮马池西望,军山西南麓有处山岩人称"落星岩"。清代的地方志记载说,顺治年间出现过一场流星雨,星陨为石,形成了这块落星岩。这算是南通古文献中少有的 份天文资料。其实此石非彼石,那年应该确有陨石从天而降,恰逢此处岩石凸出,其圆状如卵似丸,人们便取名"落星岩",以纪念流星雨坠落通州的罕见事件。落星岩西南一段山岗,曾为清初名士隐居之处,称作"张公坡"。

剑山形似宝剑

张公坡以南的山麓有"分水石",山上雨水沿此石左右分流,相传流向东南的其味甘甜,流向西北者其味苦咸。分水石西侧的山崖上下,有一众岩石千姿百态,红黄间色,中有焦黑,似曾遭雷霆轰击,因而得名"雷轰石"。自东南麓"象鼻崖"至西南麓"分水石"的这片山坳,是著名的军山自然生态保留地,这里荟萃着丰富的自然景观和珍贵的动植物资源。

狼五山自东向西依次濒江而立,军山、狼山以及马鞍山和黄泥山四座山体,各自的山势都大致东西纵贯,唯独剑山呈西北、东南走向。剑山山体狭小,却很像一柄横置出鞘的宝剑,横亘在军山与狼山之间,因此又名"剑脊山"。

它窄长的山峰如同刀刃一般,所以剑山又叫"刀刃山"。

剑山东南剑指大江,此处峭壁陡立,峰奇石危,因山石有赤赭之色,得名"赤壁"。这里的赤壁,自然不是三国周瑜大破曹操的乌林赤壁,也不是北宋苏东坡载酒泛舟的黄冈赤壁,但集中了南通剑山最为丰富的自然景观。赤壁最高处称"老乌岩",昔日曾有许多鹰隼穴居于此,相传秦始皇磨剑石也在此处。老乌岩西有二石,俨若一对恋人携手漫游,指点江山,人称"双人峰"。剑山自赤壁之巅南下,山势曲折迂回,称"回龙岗",又因山径形如鹤颈,名"鹤颈湾"。这一带林木葱茏,极为幽静。

狼五山作为海上岛屿长达亿万年之久,因海浪对岩

剑山赤壁

石的常年冲蚀，形成了很多海蚀洞穴。剑山东南麓的许多洞穴均得名于海上风物，成为此山自然景观的最大特色。双人峰下有"燕子洞"，当年多有海燕于此栖息营巢。燕子洞以南有一凸出的山岩，山岩下有石洞，可容数十人，深邃莫测，名为"望海洞"。剑山周边成陆之前，洞口处可观海景。每当旭日初升，金光闪烁在波涛之上，古人流连于此，留下了许多赞美的诗篇，称作"朝阳洞"。剑山东南麓还有"獭鱼洞"，洞口朝东，须侧身才能入内，越往里洞渐大。昔日海水灌涌洞口，常有水獭随潮潜入，因而得名。水獭水陆两栖，喜欢栖居在僻静的洞穴浅滩，多以小鱼为食。明代时，倭寇登岸烧杀抢掠，附近的老百姓常躲藏在洞内，因此又俗称"倭子洞"。獭鱼洞右上不远处有"菩提洞"，相传曾有一老僧手捏菩提子在此朝夕参禅。菩提洞上下纵横，方约丈余，荷兰工程师特莱克墓建于洞前。

马鞍山因山形如同马鞍而得名，黄泥山则得名于山上的土色，独具魅力的自然景观同样遍布狼山西侧的这两处小山。

马鞍山"翠屏峰"层层叠翠、峰壁如屏，黄泥山东岭的"狮子峰"形似蹲踞的雄狮。马鞍山山麓有如兔子伏地待跃的"伏兔石"、有似双目横瞪的"双眼石"、有隐没于深草丛林的"桃源洞"；黄泥山有其状如虎的"卧虎石"、

第一章　五山揽胜

剑山菩提洞

马鞍山形似马鞍

黄泥山得名于土色

　　有凹痕传为仙人脚印的"拇迹石",还有相传为仙人临江对弈的"棋石"。历代南通人通过观赏这些巨石岩洞,表达出对大自然的敬畏之心和对家乡山水的珍爱之情。

　　狼山葫芦峰、香炉峰、鹁鸪岩、观音岩,军山叠锦峦、蹑云磴和试剑石、炼丹台等自然景观,以及剑山赤壁、双人峰,还有燕子洞、望海洞、獭鱼洞、马鞍山桃源洞等深浅不一,形状各异的洞穴,都是狼五山形成之初的断层崖,历经数千万年风化、海蚀,如今成为独具魅力的自然景观。

第二节　江山如画

五山揽胜，江山如画。千百年来，狼五山的自然风光和靓丽景致，令无数慕名而来的文人墨客、达官贤士赞叹不已，留下了许多脍炙人口的诗文、游记。这些作品描摹狼五山的峻姿秀影，赞美狼五山的风光胜景，抒发作者沉浸于大好河山的喜悦之情。在这里，北宋政治家、思想家、文学家王安石写下《白狼观海》，北宋政坛上刚正不阿的名臣任伯雨写下《狼山远眺》，北宋词人王观写下《九日狼山》；明末清初著名学者、岭南诗人屈大均写下《通州望海》；清代书画家、"扬州八怪"代表人物郑板桥写下《游白狼山》。在这里，近代著名学者王国维写下《重游狼山寺》，当代文学家峻青写下《狼山铭》、余秋雨写下《狼山脚下》、傅溪鹏写下《狼山看景》等。这些诗文大作，读来令人心旷神怡。

北宋仁宗年间，王安石到通州海滨体察民情。他亲眼见到吕四盐场的劳动场景，以《收盐》为题作诗，表达对民生问题的强烈关切，愈加坚定了推行变法、挽救家国危机的信念。王安石此行游历了狼山，他触景生情，以豪迈的心境写下了著名的诗作《白狼观海》。登上狼山之巅，只见波浪滔天，惊涛拍岸，他为浩瀚长江奔流入海的恢宏气势深深震撼，惊呼"万里昆仑谁凿破，无边波浪拍天来"。他举头四顾，海阔天空，感慨"遨游半在江湖里，始觉今

王安石：万里昆仑谁凿破，无边波浪拍天来

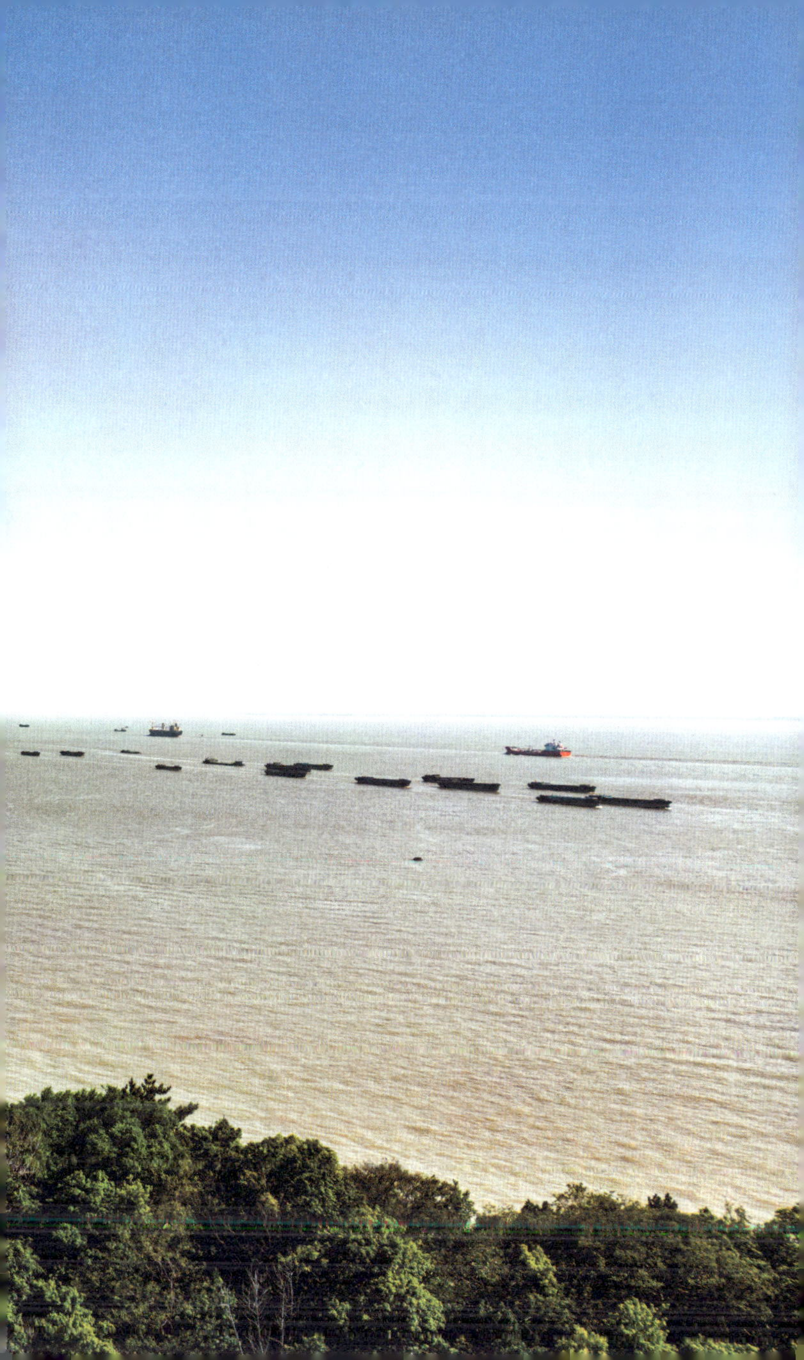

朝眼界开",一扫久在宦海沉浮的倦怠,顿觉心胸豁朗、意气风发。王安石的《白狼观海》,为诗意的狼山留下了迄今无人超越的最高礼赞。

20世纪80年代,当代文学家峻青畅游狼山,讴歌为江海平原增辉的历代贤哲,写下散文《狼山铭》。他登临狼山之巅的大观台,以文采飞扬的笔墨赞叹狼五山的山水形胜。峻青写道:

"如果你到了山上,特别是当你站在山巅之上,纵目四眺时,那气势就更加非凡了。这时,你会仿佛觉得,你不是站在一座百多米的小山上,而是置身于九霄云外,俯视万里。苍茫天际的江海平原,从你的脚下,一直伸展到无边的远方,一泻万里的滚滚长江,像一条闪光的缎带,从遥远的天际,蜿蜒而来,奔腾入海。那海,那长江入口处的大海,更是水天相连,烟波苍茫,气吞三吴,势括八荒,好一派江天寥廓、沧海浩瀚的壮丽景象。怪不得宋朝大诗人王安石来到此地,要情不自禁地发出这样的赞叹:'遨游半在江湖里,始觉今朝眼界开。'而萃景楼前那两根石柱上的楹联,更形象而生动地描绘了这壮丽的情景:'长啸一声山鸣谷应,举头四顾海阔天空。'真的呢,站在这狼山之上,仰观天宇之大,俯视江海之壮观,人的胸怀顿觉无限宽广,兴奋异常,真的禁不住要仰天长啸,引吭高歌呢。这样的去处,怎么不令人神往?这样的山,又

怎能不名闻遐迩呢？"（《五山志》，江苏人民出版社，2011年版，第42页）

峻青所登临的大观台，位于狼山顶峰的支云塔院山门之前，"大观"之名，浓缩了四望无际、洋洋大观的恢宏意境。除了狼山之巅最为经典的江天大观，军山普陀别院还有观赏江上日出的最佳视角，松影台更宜瞭望夕阳余晖下的其余四山。剑山南坡的日月台，是朝看日出、夜赏明月的绝佳之地。驻足剑山文殊院前的瞰江台，凭栏处右望狼山，左眺军山，山下白鹭飞翔，江面舟船破浪，令人心旷神怡。马鞍山梅林春晓，有倾听惊涛拍岸、俯瞰百舸争流的最佳席位。黄泥山虎口矶之上有虎啸轩，此处突出江

狼山大观台

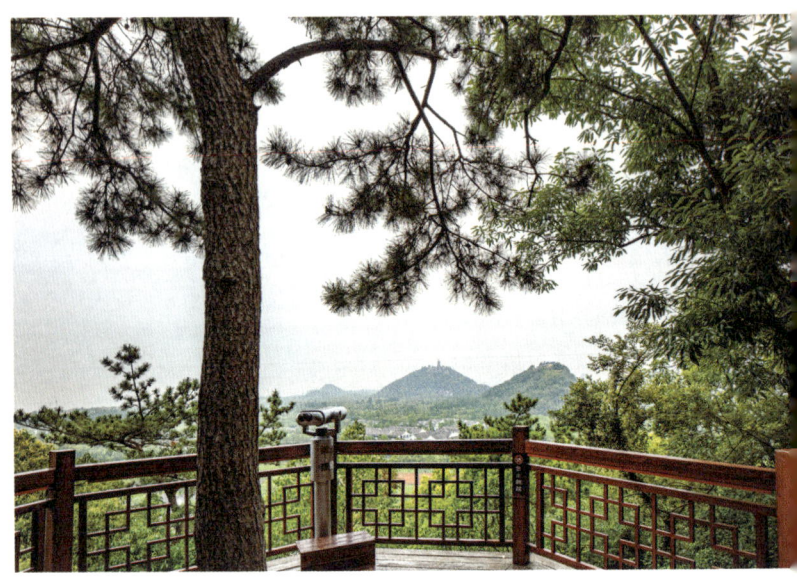

军山松影台

表，背倚狮子峰，视野开阔，江潮回音如虎啸龙吟，是零距离踏江亲水、抚波听涛的不二选择。

狼五山一山有一山的风光，一处有一处的景致。古往今来，人们为从高低、远近多个方位遍览、感受江山风光，在山上山下构建了各式的观景"台"和"亭"。狼山有护潮台、大观台、招隐台，以及望江亭、振衣亭、魁星亭、棋亭、半粟亭、翠微亭和无量轩；军山有承露台、憩台、松影台、望江台、炼丹台和多景亭、扪月亭、法空轩；剑山有瞰江台、日月台、憩亭、云涛轩、重阳亭和双人峰亭；

第一章　五山揽胜

剑山日月台

马鞍山梅林春晓

马鞍山有纱帽亭、拇迹亭和有有亭；黄泥山有钓台、狮踞亭、听涛轩和虎啸轩。它们巧妙点缀，却又无所不在，移步换景，又为景中胜境。

狼五山观景的最大魅力，是能令人置身于三维立体的巨幅画卷之中，或登高望远，或林荫探幽，或濒江听涛，或者闭目塞听，去伸手触摸江风浩荡，亲身感受大自然的无穷力量。

观景亭中历史最为悠久的，当数狼山望江亭。狼山葫芦峰腰如螺壳，望江亭位于葫芦峰的绝壁之上。在这里举目四顾，但见脚下平川无垠、绿意盎然；东去的大江波涌浪翻，鸟飞鸥翔，舟船穿梭；辽阔的江面与高远的苍穹浑然一体，南北两岸烟波渺茫。驻足望江亭，如有置身于诗画之中的神奇感受。

望江亭始建于宋代，起初就叫"望江亭"，到明代时则改称"望海亭"，清代初期此地建有"望海观音祠"。如今的"望江亭"系于20世纪70年代原址重建，仍然回到了宋代最早的名称。千余年来，一代代先民、先贤登临狼山望江亭，欣赏浩荡的长江和浩瀚的大海联手，在长江入海口演绎出一幕幕沧海桑田的历史画卷，见证年轻而富饶的江海平原的成长历程。狼五山从辽阔的海洋走来，曾经有过沧桑变迁的漫长历史。狼山大山门南侧悬挂着一幅匾额"江山如画"，唯有望江亭中凭栏眺望，回顾由海入江、

山望江亭

濒江又临海的历史，才能真正领悟这幅画卷的无限意蕴。

冰河时代，古老的东海海平面曾经大起大落，狼五山至少经历过五次大规模的海侵和海退。海侵时，它们是近海大陆架上的五个小岛，海退时，则成为陆岸上的低山丘陵。地质工作者勘探发现，如今黄泥山、马鞍山的顶部，依然可见松散的海相沉积特征。这说明海侵规模最大时，稍矮些的黄、马两山都曾长期沉寂于汪洋大海之下。

大约距今1万年前后，长江来到今天镇江、扬州一带入海，狼五山也走到了长江口海域，像中流砥柱一般，矗

黄、马两山都曾淹没于汪洋之下

立在东方大约150多千米的汪洋上。随着长江的泥沙造就出如今南通北部海安、如皋、如东等县（市）的土地，秦汉时期，狼五山留下了秦始皇派兵戍守军山和在剑山磨剑、狼山鞭石的传说。六朝时期，狼五山北部水域新生一块巨大的"胡逗洲"，也即如今南通市老城区以及北部乡村的土地。此时，"狼五山"和"狼山"的名称，第一次出现在历史文献中。长江入海口烟波浩渺，有五座山峰高矮错落，时隐时现，恍若仙境，令见过它的人们不禁产生无尽的遐想。

第一章　五山揽胜

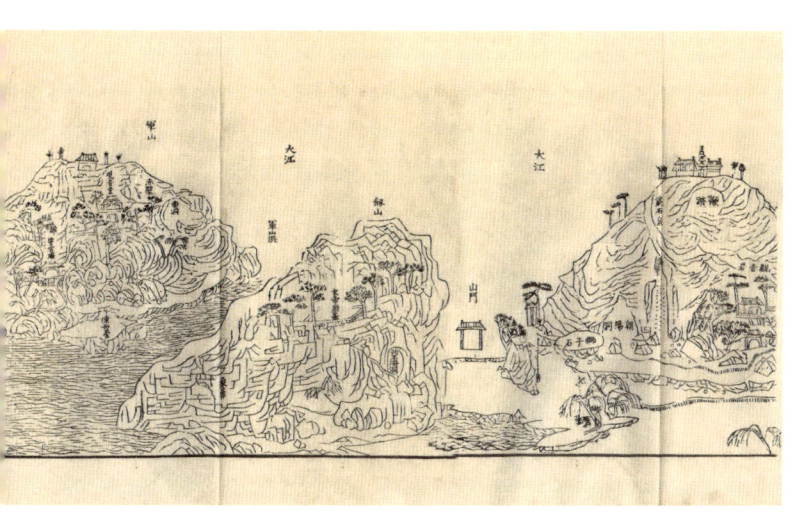

《狼五山志》插图

　　此后千余年里,胡逗洲与周边新生的无数大小沙洲逐渐并接成陆。宋代初期,新成陆的土地将狼五山揽入长江的怀抱,成为江中岛屿。此时,狼山始建"望江亭"。狼山之巅支云塔院的山门上,自古刻有一副楹联:"潮平两岸阔,江束四围圆",非常直观地记述了江心岛屿时期的狼五山风光。苍穹之下,辽阔的江面,平静的江流,只见狼五山像五颗大小不等、形状不一的绿色翡翠,镶嵌在昼夜浮动的金黄色缎带上。

　　北宋天圣年间,山麓地带开始涨沙,狼山首先登陆。此后近200年泥沙淤积,剑山、军山相继登陆,狼五山逐渐走上了江海大平原。

宋元之际，全球气候变暖，随即急剧下滑，到明末崇祯至清代康熙年间，进入了"明清小冰期"。长江入海的主泓偏向了北方，汹涌的江海大潮掏空江岸，狼五山沿江数十平方千米的肥美土地，茂密的树林和兴旺的农家全部坍塌入江，狼五山东部千余平方千米的古海门县也淹没于深渊。至明代中叶，军山又被长江洪流卷入水中。狼山"望江亭"因此被改称"望海亭"，那时登山的人们近看脚下，远眺东南，尽为大海汪洋。直到清康熙年间，长江主泓才逐渐回向南侧，军山与剑山之间的夹泓逐渐淤塞，军山再次登陆。到清康熙、雍正之际，长江北岸开始了新的大规模涨积，此后日积月累，逐步形成了如今南通的版图框架。

这数百年间，长江洪流的惊天力量，带来狼五山周边桑田复沧海、沧海又桑田的巨大变迁。军山脚下的崖壁上有块石刻，上书"此海平线也，乙卯年测海平面下此十四尺"。它是1915年（农历乙卯年）为水文工作者所镌刻，直观记录了那时的海平面位置，仅位于此线以下4.6米。直至今天，五山之中还有马鞍山、黄泥山南麓濒临江流。大江东去，海潮西溯，汹涌的波涛拍打着黄、马两山的峭壁，讲述着狼五山与长江的渊源，昼夜不息，回旋激荡。

如今，四面八方的人们游览狼五山，登临大观台、望江亭，眺望五山周边的陆岸和水域，直观感受千余年来狼

清末民初的海平面标线（军山石刻）

五山与江海平原的沧桑变化，进而了解亿万年来长江河口的地理变迁。从这个意义上讲，如诗如画的五山景致和江山风光，无疑是一座山水天成的超级地质历史博物馆。

第三节　生态样板

南通自古誉为"崇川福地"，"崇川"说的就是有山有水的地方。五山及滨江片区占地面积近20平方千米，江岸线长达14千米，这里不仅有狼五山的旖旎风光，还是南通人文遗存的宝库。长江和五山，是这座城市的文化名片和绿色标志，也是南通规模最为宏大、历史最为悠久的自然生态"大客厅"。

南通自然生态的"大客厅"

将狼五山的区域功能,明确定位于南通城的风景名胜区,开始于100多年前的中国近代。以鸦片战争为标志,中国历史步入近代,也陷入了半殖民地、半封建社会的艰难境地。1842年,西方列强的坚船利炮溯江而上,进犯镇江、南京。7月8日,英国兵舰行至狼山江面,摧毁黄泥山炮台,拆走黄铜炮等装备。"英夷内犯,通州戒严",光绪年间的《通州志》直观记录了通州民众面临列强蛮横威力的真切感受。

1843年上海开埠,对通州的经济、文化产生了极大的影响。内忧外患,民不聊生的现实,激发出儒家士大夫强烈的家国情怀和乡土责任。一批有抱负、有担当的知识群体在通州城乡应运而生,被南通人至今引以为傲的张謇,便是其中最为杰出的代表。

张謇(1853—1926),海门常乐镇人。1894年,日本蓄谋已久的甲午战争,以北洋水师全军覆没,中国战败而告终。这一年,张謇"状元及第"。1895年,中日《马关条约》签订,西方列强的瓜分狂潮迅速席卷中国大地,中华民族濒临生死存亡的边缘。这一年,张謇毅然回乡"状元办厂"。他率领通州的一批社会精英,以建设"新世界雏形"为理想,创办近代工业和教育事业,力图在较高的起点上实施"地方自治",积极寻求中国救亡图存的路径。

南通紧随世界潮流,开风气之先,现代化的社会经济、城市建设、文化教育等全方位迅速崛起。与此同时,通过沿海垦殖和产业延伸,带动了苏北数百公里的沿海大开发。古老的通州,一个长江北岸的次中心城市与农副产品集散地,成为中国近代工商业城市的典范,张謇也因此成为中国近代"实业救国"的代表人物。值得说明的是,南通不同于租界、商埠或者西方列强占领下发展起来的其他城市,完全是中国人基于中国理念,比较自觉地,有一定创造性地,通过较为全面的规划、建设、经营的第一个有代表性的城市,因此被誉为中国早期现代化进程中的"第一城"。

为"第一城"的建设，张謇规划了"一城三镇"，城乡相间，合理发展的布局。通州古城延续千余年来的历史轴线和平面形态向外延展,城西北的唐闸镇定位于工业区，城西南的天生港镇定位于交通枢纽和港口运输区。狼五山作为"一城三镇"规划的重要组成部分，定位于宗教文化与旅游风景区。

在张謇的倡导下，狼五山景区的绿化与保护成为建设重点，新种植了桃树、梨树、杨柳和樱花等10多万株。五山脚下建立苗圃，培育树苗，同时设立"五山森林事务所"，开展林业研究。张謇通过《通海新报》发布《禁止攀折林木启》以保护五山森林，发布《禁止地方采用五山石启事》以保护山石、山土和人文石刻等历史古迹。涵养水源也成为狼五山地区生态恢复和建设的重点。张謇在狼山周边建设了植棉试验场，在山南开挖灌溉渠，在北麓开辟南北水溪，同时新建沟通长江的水闸，使五山水系随着长江潮汐吐故纳新。

张謇在五山地区护山筑路，修缮名胜古迹，恢复和重建了不少寺庙禅院，还倾力营建了东奥山庄、西山村庐、西林、虞楼、介山楼、我马楼，以及北麓园的观音禅院和赵绘沈绣之楼、林溪精舍。同期落户狼五山的，还有南通军山气象台和南通盲哑学校，这是由中国人自主创办的第一所具有近代科学水平的气象台和中国人自办自教的第一所

第一章　五山揽胜　　　　　　　　　　　　　　　　　　035

军山气象台

军山气象台与狼山支云塔

特殊教育学校。南通的早期现代化探索中，张謇首创了10多个"中国第一"，其中有两个坐落在狼山风景区。军山气象台与狼山支云塔，至今仍为狼五山景区的两个制高点。

张謇对狼五山情有独钟，生前曾自拟墓门联语"即此粗完一生事，会须长伴五山灵"。他将一生都献给了家乡的建设事业，离世后与五山为伴，安息在狼五山脚下的啬园。

中华人民共和国成立以来的70多年里，狼五山经历了多次较大规模地保护与建设，始终坚守当年的功能定位，建设理念传承创新，规划范围也逐步扩大。中华人民共和国成立之初，人民政府即对狼五山开始了封山育林等绿化和建设管理，五山地区成为南通最重要的旅游景区。改革开放以后，狼山古建筑及园林设施进行全面修复，紫琅禅院、支云塔院和"石坊三墓"等古迹修葺一新，还在黄泥山、马鞍山景区新建了梅林春晓、龙爪园，重建了虞楼等旧迹。

进入21世纪以来，南通贯彻落实习近平生态文明思想，退出狼五山沿线港口货运功能，修复长江岸线12千米，全面实施狼五山及沿江生态修复保护。军山和剑山景区重新开发，毁坏多年的普陀别院、文殊院得以修复一新。2000年12月，狼五山建成国家AAAA级旅游景区。2001年5月，将狼山风景名胜区规划面积扩大至11.61平方千

第一章　五山揽胜

军山绿野

南通植物园

米。2006年新建滨江公园，2008年新建南通园艺博览园。2016年以来，新建了军山绿野和南通植物园。

狼五山地区大面积植树造林，陆域森林覆盖率达到80%以上，植物景观效果呈现鲜明的四季特色。经过疏通五山水系，治理山体地质灾害，五山生态环境呈现出历史性变化，形成山体、林地、自然生态保留地、湿地和水体多层次互生的生态体系。南通"山畔嬉江水，江上揽五山"的生态修复效果得以实现，成为江苏省最美生态修复案例，打造出全国生态修复的样板。

2018年，狼五山及沿江区域被国家林业和草原局批准为国家级森林公园。据最新统计，目前狼五山共有植物资源180科664属1223种，无论分布还是生长都保持着野生状态，是难得的植物资源宝库。近两年新发现多年销声匿迹的其他物种37种，其中列入世界自然保护联盟（IUCN）濒危物种红色名录、中国重点保护野生动物名录的江豚，已时常在江面追逐嬉戏，列入濒危野生动植物种国际贸易公约（CITES）的山獾，也重回五山的天然岩缝和树洞。

如今，南通狼山古刹嵯峨、钟鼓悠悠，北麓园松涛幽谷、庭院深深。礼佛观光通梵境，山水览胜醉江海，好一派仙风神韵，令人流连忘返。

剑山桃花园，以照手桃、二色桃、满天红等26个桃

剑山冥想广场三生台

树品种，精心营造岁月静好的世外桃源。穿过蜿蜒小道，步入冥想广场，站在三生台上，仿佛置身于"三生三世，十里桃花"的绝美谧境。

军山绿野山水相映、沟渠纵横，湖泊沼泽遍及其中，落英缤纷，果林飘香，兼具四季景观特色和农耕田园风光。军山自然生态保留地，保持了数百年未受外界干扰，完整、稳定的自然生态，拥有丰富的动植物资源。目前已发现植物389种，其中国家重点保护植物6种，食用植物200多种、药用植物160多种；动物种类229种，鸟类82种，被誉为江海平原上唯一的"野生生物基因库"，具有世界自然遗产的较高价值。

五山滨江风光带

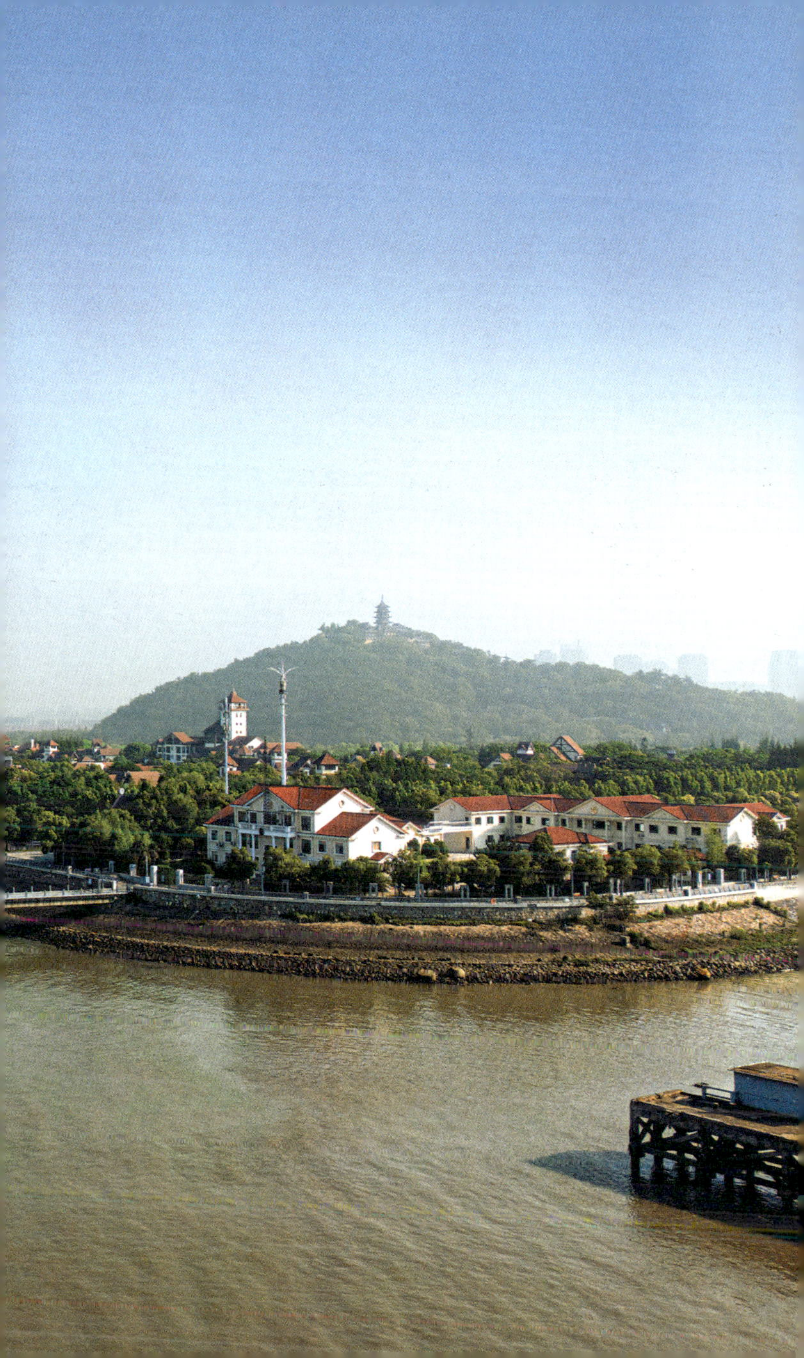

滨江驿站

　　五山滨江风光带，是一条全长7千米的滨江绿色休闲走廊。倘徉在滨江花海、风帆广场，漫步于黄泥山下的龙爪园、西山村庐，登临马鞍山上的梅林春晓、虞楼，穿过狼山脚下的梵音广场，经揽江绿道，行至滨江体育公园，驻足于滨江、悦动、西林、介山、浮生、水云等主题驿站，凭栏观大江，百舸争流，水天一色，心念更高远。

　　南通植物园，是一座开放式的城市公园，同时还是一座兼具科研和科普、保育和园艺功能的现代新型植物园。这里的总面积约125万平方米，分为水生园、陆生园、色彩园、盆景园等 18 个专类园，南通、江苏以及长江三角洲地区的具有地域特色的各类植物均汇集于此，一览无余。

2020 年 11 月 12 日下午，习近平总书记赴江苏南通考察调研，第一站就来到五山滨江片区。黄金水道、江风浩荡、青山绿水、美景如画。习总书记沿着江堤步行，察看滨江生态环境保护情况，对南通构建生态绿色廊道的做法表示肯定。宽阔的滨江景观大道上，南通市民时常来这里看日出日落，观赏江豚游弋嬉戏。习总书记与在江边休闲游览的市民亲切交流，回忆 40 多年前来五山地区留下的印象，感慨近年来环境整治带来的沧桑巨变。美丽的环境、富裕的生活是人民群众亲手建设出来的，一起奋斗出来的！

第二章

古刹名寺

第一节 狼山广教寺

五山远扬的声名,以狼山为尊,山有一座寺,寺则是一座山。狼山处五山居中之位,南坡以寺院古刹为特色,寺庙殿阁,斗拱交错,千年宝刹,钟鼓缭绕,总称广教禅寺。

狼山于唐高宗总章年间始建禅寺,距今已有1300多年。唐代的狼五山还是江口海域的岛屿,上山拜佛必须摆渡前往。因为狼山周边水湍多石,僧人修建了码头,设舟渡航。百姓感恩不已,狼山禅寺被称为"慈航院"。"慈航"为佛教用语,是以慈悲之心救度众生,有如舟航的意思。到五代时,慈航院才改名为今天的"广教寺"。在佛教文化中,"广教"有广说戒律、广教众生和广传佛法之义。唐代慈航院的大雄宝殿在狼山脚下临江而建,山顶还建有佛塔,令人遗憾的是,当年佛塔的形制已经无法考证。

如今狼山禅寺的古刹群落,有着千余年的存续与积累。自唐代慈航院初建,历经宋元、明清历代的逐步扩建,多次损毁后的复建与再复建,最终形成如今金碧辉煌的楼台殿阁,凌空啄角的虬檐飞拱,错落参差的屋宇僧舍,构成

狼山广教寺

一座满山崔嵬瑰奇的古刹。狼山广教寺将山地园林与寺庙建筑有机结合，完好保留了南方山地寺庙建筑的典型特征，具有很高的历史与文化价值。

狼山广教寺由三组庞大的建筑群落组成，自下而上，坐落有致，整体布局独具匠心，呈现出飞跃舞动的龙形身架。这是一条尾在上、头在下，欲将下江入海的蛟龙。它以山下的"紫琅禅院"建筑群为龙首，法乳堂是龙头，金刚门是龙口，两侧大悲殿、轮藏殿则像龙的犄角。山腰的"葵竹山房"和"三仙祠"建筑群为伸展的龙爪，山顶建筑群"支云塔院"的支云塔则为腾飞于云霄的龙尾。漫山覆盖的松柏"茂密苍髯颈，龙鳞如欲飞"，灵动的龙身、龙骨当为蜿蜒的山道、当为涌动的游人和香客。狼山古寺建筑群的这一龙形布局，被称为"金龙伏狼"。

"龙首"紫琅禅院是狼山规模最大，也是最为古老的建筑群。其中的法乳堂，属狼山最早的主要建筑之一，是唐代慈航院的大雄宝殿。在佛教文化中，释迦牟尼佛具足大力，能雄镇大千世界，尊称为大雄。大雄宝殿是紫琅禅院的核心建筑，殿内供奉着释迦牟尼佛像。这尊玉佛由整块缅甸玉雕琢而成，描绘的是佛成道像，因此法乳堂又称释迦殿、大佛殿。

匾额"法乳堂"为爱国宗教领袖赵朴初先生题写，他以楹联"一堂都圣哲，万派尽朝宗"，盛赞法乳堂"十八高僧壁画"在佛教艺术上的创新。法乳堂大殿的两壁，以2300多块瓷砖壁画，呈现出中国佛教史上历代杰出人物的形象。作者范曾系南通籍著名画家，作品以工笔与写意相结合，笔力雄健古朴，线条明朗遒劲，既有金石之气，

"龙首"：紫琅禅院建筑群　　　　法乳堂

十八高僧壁画

又有云蒸泼墨。十八高僧神态万千、气韵飞扬、栩栩如生，这些人物由中国佛教协会选定，代表了自东汉至近代传承2000多年的中国佛教文化。十八高僧中，有佛教各宗派始祖，有佛经翻译家，有哲学家、文学家、艺术家、科学家和知名学者，都为中华民族的文化传承做出过重大的贡献。20世纪80年代，法乳堂重建，紫琅禅院突破释迦殿供奉十八罗汉的传统，改为供列十八位佛教高僧，这种创新体现出佛教文化的生命力，成为汉传佛教演化、嫁接的又一范例。

  法乳堂的匾额上书"十指成林"，是清代"扬州八怪"之一郑板桥的作品，以双手合十，十指成林，寓意佛教各

十八高僧壁画

宗合力弘扬佛法。在法乳堂问佛法禅道,赏书画精品,人们不仅能感受到汉传佛教的博大智慧,更能汲取到蕴含其中的中华传统文化的养分。

法乳堂前有金刚殿,也即"龙口"金刚门。金刚门的内侧有左右"龙角"轮藏殿和大悲殿,其造型、结构完全对称,均始建于唐代,大悲殿莲瓣柱础为唐代遗物。穿过法乳堂沿石阶而上,东为晒经楼,西为藏经楼,依山而筑,看似殿上殿、楼上楼,它们同为"龙爪"。藏经为佛教术语。"藏"并非一般意义的收藏,而有宝藏之义。狼山藏经楼始建于明万历时期,所珍藏的《历代名画观音宝像》被称作佛门至宝,楼上西壁还有明代《重修狼山寺》碑。

十指成林（郑板桥书）

藏经楼、晒经楼均为广教禅寺的"档案馆"。

金刚殿前的小广场,曾被称作"护潮台"。明清之时,为阻止江潮侵袭,保护寺庙建筑,人们用石块筑起护潮的堤坝,形成这块台坎。洪波踩在脚下,泽国就在眼前,那时的金刚殿内悬挂宋高宗题赐的"水天一色"匾额,护潮台还曾作为明代狼山水师统帅操练水兵和检阅船舰的阅兵台。

"龙爪"之一的葵竹山房建筑群,也大多为明代所建。嘉靖年间始建三辰轩,这是一座在通州为官的文人雅士吟咏诗文、谈论学问的聚会之所。此后改为四贤祠,供祀宋代四位杰出人物。清康熙末期,四贤祠移至军山水云窝,

后毁于战火，军山如今留下四贤路以作纪念。狼山原址扩建为葵竹山房，成为一处四时宜人、文化氛围浓郁的优雅胜地。

狼山与军山四贤祠曾经供祀的杰出人物，有北宋政治家、文学家，主持修筑范公堤造福江海人民的范仲淹；有南宋初年率部抗金的民族英雄岳飞；有南宋末年誓死抗元的民族英雄文天祥；有南宋经学家胡安国，他曾任通州知州，为官清正，见义必为，深受百姓爱戴，《宋史》也为之立传。

幻公塔

南宋建炎年间，岳飞率部抵御金兀术南进，江淮之间的苏中地区成为双方角逐的主战场。岳家军于常州、镇江大败金兵，收复建康（今南京）后，挥兵攻占沿江通州、泰州一线，岳飞任通泰镇抚使兼任泰州知州。镇抚使，是南宋设立的地区军事长官。为坚守长江防线，岳家军曾驻守狼五山，还在如皋市城北街道和白蒲镇都留下了"度军井"的遗迹，在搬经镇留下了"拴马庄"和千年古槐下"加力"奋战的传说。

广教禅寺龙形建筑群中，同为"龙爪"的还有幻公塔。

第二章　古刹名寺

龙爪"：幻公塔、三仙祠建筑群

这是一座仿阁楼式砖木结构的方形的七级玲珑塔，明嘉靖年间，为纪念宋代高僧智幻而建。智幻于北宋太平兴国年间主持狼山寺院。为弘法创业，他先后主持建造了狼山最高处的僧伽殿和支云塔，开始供奉大圣菩萨，在创业的祖师中居功至伟。

幻公塔以西，还有"龙爪"三仙祠。它始建于明代，清雍正时期重建。之所以称"三仙祠"，据说此处最早供奉的是八仙中的吕洞宾和张果老，后来又增加了文昌帝君像。文昌帝君，也即文曲星，是古代神话传说中主管文运

圣严法师佛学成就展示馆（法聚庵旧址）

的星宿，多为读书人所崇祀。文曲星属道教的北斗七星之一，可见该祠最早是一座道观。三仙祠的院落一度为道、一度又为佛，是中国宗教演变过程中特有的一种文化现象。

晚清以后，三仙祠曾为法聚庵。最西头有一平房，曾是著名高僧圣严法师（1931—2009）出家的禅房。他是南通人，早年家境贫困，13岁时在狼山法聚庵出家，后辗转于台湾。青年时留学日本，获文学博士学位，在台湾创办法鼓山农禅寺，成为中国佛学大师、国际知名的文化学者。20世纪80、90年代，圣严法师两度来狼山朝拜祖庭。经台湾法鼓山授权，三仙祠如今常设"圣严法师佛学成就展示馆"，为狼山增添了新的文化内涵。

第二章 古刹名寺

"龙尾"：支云塔院建筑群

"龙尾"支云塔，是狼山广教寺的最高建筑，始建于北宋太平兴国年间，塔高35米，楼阁式砖木结构。支云塔四面五级、朱漆雕栏，腰檐成翘形，金色琉璃瓦，塔顶以覆钵、相轮、宝盖、圆光等构件组成塔刹。自北宋至今，支云塔虽经多次修缮，依然保持着宋代佛塔朴素浑厚、气势雄伟的基本风格，完美地体现了佛教文化与中华传统建筑文化的结合。

"支云塔院"因塔得名，狼山古刹名寺的至高地位，则主要体现在支云塔院。一路拾级而上，走过玲珑小巧的振衣亭，驻足大观台，转过头一眼可见北宋书法大家米芾所题的匾额"第一山"，这便是支云塔院的山门。支云塔

萃景楼

院共分五进，由萃景楼入门，圆通宝殿、支云塔和僧伽殿，按南北中轴线依次排列，为全寺的主体建筑，具有唐宋风格。

萃景楼建于明代，曾是文人雅士欣赏山景、饮茶赋诗的地方。古人称它"江上青山山上楼"，"萃景"二字，大有千般美景一楼荟萃的意思。时隔近500年，古人笔下描绘的萃景楼前烟雨云山、风帆水鸟，如今依旧万景奔赴，像巨幕电影一般展现在眼前。

萃景楼的历史记忆，不仅有无限风光，还有它所伴生的一段悲壮往事。明代正德年间，北直隶（今河北）爆发大规模农民起义，刘六、刘七兄弟，不满日益加剧的土地

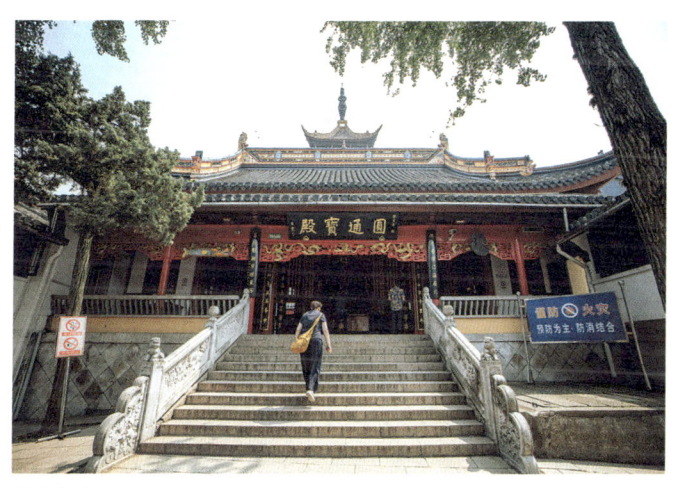

圆通宝殿

兼并，率领流离失所的民众揭竿而起。10多万义军一路转战京津、齐鲁和江淮地区。官府调兵四处围追堵截，前后持续了3年，刘六牺牲。正德七年（1512），义军残部数百人由骑兵改水军，自湖北顺流而下，抵达狼五山江面，试图从通州登岸北上。长江两岸有官府重兵把守，义军孤军奋战无法突破，不得不又杀回上游。官府随即调兵江西堵死退路，这年7月，义军自九江而下700多千米，重新杀回了通州狼五山江面。

7月18日，强台风来袭，义军损失惨重，官军趁机水陆夹击。刘七带领部下强行登陆，抢占了狼山。坚持到7月21日，官军发起总攻，义军居高临下，矢石相向，退守山顶的支云塔院。官军火烧山门和禅房，火势殃及僧伽殿。义军寡不敌众，从后山突围而出，刘七等义军战士全部牺牲在长江里。

平息了这场农民暴动，自然得"论功行赏"，大明皇帝归功于不期而至的强台风，以为得到了江海神助，敕建"江海神祠"，并令地方官定期祭祀。宋时建于支云塔前的僧伽殿在战火中损毁，正德年间移建于塔后，在塔前新建了江海神祠。同时，将早年的山门前移数丈，在原先山门位置上盖了这幢萃景楼。明代至今的支云塔院主体建筑格局由此形成，当年的建设者立《通州狼山重建泗州大圣庙门记》碑，记录了这段历史。

此后，江海神祠曾祀奉大禹，由此曾称"禹王殿"，又改今名"圆通宝殿"。圆通宝殿供奉着大势至菩萨坐像，像高达4.5米，端坐于汉白玉须弥座上，是狼山寺庙中最大的佛像。在佛教文化里，"大势至"即以独特的智慧之光遍照世间一切，使众生得无上力量，发挥聪明才智，达到理想境界，因此又称大精进菩萨。大势至与观世音同为阿弥陀佛的左右胁侍，与阿弥陀佛合称"西方三圣"，居于至上地位。在中国佛教典籍上，狼山广教禅寺是汉传佛教大势至菩萨的唯一道场，因此名列庐山、嵩山、衡山等中国佛教"八小名山"，狼山古刹蜚声海内外。

支云塔后的大圣殿，又称僧伽殿，供奉的是大圣菩萨

大圣殿

僧伽的坐像。僧伽是唐代高僧，唐高宗时南游江淮50年，医病治水，被百姓广为称道，由凡入圣，奉为"大圣菩萨"。僧伽是狼山的开山祖师。北宋时，狼山广教寺在狼山之巅建造大圣殿奉祀僧伽，同时建造了纪念僧伽的支云塔。清康熙时期，奉祀僧伽的泗州普光王寺，与泗州城一起淹没在洪泽湖水下，狼山成为大圣菩萨的唯一道场。狼山广教禅寺的建筑格局被称为"金龙伏狼"，源自"大圣菩萨借狼山"的传说。相传狼山曾有白狼，大圣菩萨向狼借山，这是"狼山"之名的来源。

狼山广教寺以大势至菩萨为主佛，又因大圣菩萨在江淮民众中的广泛影响，香火鼎盛，历代不衰。这"一寺两

佛光大道

供奉"的模式在江海佛门中独树一帜，在国内寺庙中也属罕见。1980年4月，狼山广教寺被国务院列为佛教汉传地区全国重点寺院；2012年10月，入选"中华佛教一百名寺"；2013年5月，被国务院公布为全国重点文物保护单位。

第二节　军山普陀别院

　　虽然军山得名的传说很早，但军山开发却比较晚。军山在历史上曾经登陆又下江，至清康熙末年才摆脱江流，

第二章 古刹名寺

山普陀别院

在五山之中最后登陆。在此期间，军山还曾经历过人为所致的三起三落，数度枯荣，长期沉寂在荒芜之中。南通民间因此有歇后语说"军山上的猴儿，又冷又饿"，可见此山所遭受过的磨难和坎坷。

秦始皇驻军虽是民间传说，却也佐证了军山的地理优势和江防价值。古文献中最早出现军山的记载，已然到了宋代。西边的狼山正在登陆，广教寺香烟缭绕，支云塔直插云霄，此时有一位道教的炼丹术士隐于军山。那时的军山人迹罕至，道士燕幻在此采药、炼丹，他坐看天上日月

炼丹台

交替，山脚潮涨潮落，在军山东南麓留下了多处遗迹。真人洞，传为燕幻居住和辟谷之所，后人在洞口岩壁上刻石题名"燕真人洞"。洞外有块巨石称"炼丹台"，传为燕幻炼丹处。

直到明万历年间，有位来自山西的僧人法空，见军山孤立于江心，荒无人烟，便到这里静修佛法。法空披荆斩棘，开辟山道，他一贫如洗，开始居于燕真人洞中，后来才在半山腰以茅棚栖身。法空所居住的圆形小草屋人称"团瓢"，清乾隆年间，人们将这二字镌刻在山岩上，水云窝因而又得名"团瓢"。真人洞附近山坡上有一个隆起的土包，旧称"蛇鱼坟"。民间相传，每当真人洞里木鱼响起，必有一条巨蟒前来聆听,天天如此。某一天未见蟒蛇,法空四处寻找,只见巨蟒入江与大鱼搏斗,双方均已力竭而毙。法空将蛇和鱼合葬在西南山岗上,军山由此留下了"蛇鱼坟"的遗迹。

随着来军山修行的僧侣日益增多,法空建水月庵,其余僧众共建庵12处,自此启动了军山的开发。当时的狼山总兵王扬德,万历进士,浙江会稽(今绍兴)人,可谓文武全才,是古代南通第一部《五山志》的修撰者。明崇祯年间,他编撰《狼五山志》的同时,被法空的品行修为和顽强意志所感动,向通州士绅募捐,建造军山主刹普陀别院。

石刻"团瓢"

军山寺院取名"普陀别院",是明代大书画家董其昌的手笔。董其昌为松江华亭(今上海)人,也是万历进士,明代后期的南京礼部尚书和太子少保。他的书法兼晋唐宋元各家之美,以飘逸空灵闻名。王扬德发愿,在军山营造出与狼山广教寺一样不朽的禅寺,请来董其昌题名作记。董其昌认为,通州军山系佛教净土,堪比浙江普陀山,因而取名"普陀别院",并亲为撰书《通州军山新建普陀别院记》。这座石碑如今保留在军山普陀禅寺的墙壁上,不仅是军山开山的实物见证,在狼五山众多碑碣中,其历史、文化和艺术价值都堪称精品。

普陀别院创建后,军山日益兴盛。至明末清初,西山、

古代南通第一部《五山志》插图

军山《新建普陀别院记》碑

东岭和山北聚集了16座大小庵堂，军山东南还建有法空塔与六和塔。相传法空在六和塔后开凿塔院泉，还在军山山腰开凿了白云泉。至清代中期最鼎盛时，军山各寺僧舍多达5000多间，人来人往，钟鼓悠扬，成为狼山东南的佛门圣地。

明、清两代更替，又是乱世之秋。清兵入关后，为巩固统治，采取"剃发易服"等一系列高压政策，激起汉人的激烈抵抗。清顺治初年，南下的清军相继制造了"扬州十日""江阴八十一日"和"嘉定三屠"，抵制"剃发令"的平民遭遇惨烈的大屠杀。清顺治三年（1646），清军攻占了通州。面对"留头不留发，留发不留头"的血腥恐怖，通州士绅明万里率领民众奋起反抗，冲击降清的地方官绅，随即遭遇弹压。为避免屠城之祸，明万里自投清营，舍身就义。

南方"反清复明"的各路力量坚持最后的抵抗，明末军事家、民族英雄郑成功也转战于浙、闽、粤等东南沿海。清顺治后期，郑成功率部北伐，自长江口而上，过狼山及江中的军山、段山，接连攻克镇江、瓜洲，包围南京，一时震动江南。毕竟力量悬殊太大，郑成功退守台湾海峡，收复被荷兰殖民统治多年的宝岛台湾。为了阻隔郑成功等抗清力量与内地的联系，康熙以更为严酷的手段推行"禁海令"。从北方的山东，至南方的广东，沿海所有居民一律内迁 25 千米，寸板不许下水。王扬德在《狼五山志》中记载，由于军山此时孤立于江心的缘故，兵部尚书苏纳海下令僧众内迁。不出一日，军山普陀别院及 16 庵全部毁于火海，满山的佛寺化为灰烬。

清初的"禁海令"直到康熙中期才逐渐放开，军山普陀别院大殿等又在断垣残壁间陆续重建。随着"康乾盛世"的到来，社会日趋稳定，经济走向繁荣，军山寺院、庵堂规模达到史上鼎盛，相传有寺房数千间，旺盛的香火还曾一度超过了狼山。

1840 年，鸦片战争爆发。凭借近代工业文明的先发优势，西方列强向全球扩张，内外交困的双重危机，导致清末农民战争大爆发。1853年,太平天国起义军攻克镇江、扬州,定都江宁(今南京)。通州小海镇农民黄朝飏深受江南太平军的鼓舞,以军山西净庵为活动基地,秘密建立"一杯茶教"。他联络五山周边数千贫苦民众,试图以宗教为掩护,共谋抗清义举。1863年,黄朝飏与江南太平军取得联系,并争取到驻防狼山镇的部分军兵为内应,约定农历五月十四日夜在军山举火为号,接应太平军过江,武装夺取通州城。即将行动之际,因奸细告密,遭到清军的残酷镇压。黄朝飏夫妇和军山脚下的新港镇百余人,以及狼山镇驻兵40余人被杀害,史称"军山农民起义"。

军山农民起义被迅速镇压,同治皇帝题"功昭淮海"

多景亭(军山西净庵遗址)

匾额赐予狼山，同时迁怒于军山和僧众丛林，责令驱逐山民僧众，焚毁寺庙林木及山下的新港镇。军山再次毁于火海，到处断垣残壁、满目疮痍，如今山顶的银杏古树，成为仅存的遗物。

军山荒芜60多年后，才重新吸引了人们关注的目光。1917年初，在普陀别院以条石垒成的须弥座遗址上，张謇创建的军山气象台落成，军山景观又得初步恢复。然而，仅仅过了20年，日本侵略者占领南通，在军山炸山取石，许多自然景观遭到破坏，气象台也遭遇严重损毁，军山又被沦为一座荒山。

直至中华人民共和国成立，人民政府在军山大规模绿化造林，种植茶树和药材，军山生态才逐渐恢复。改革开放大潮中，军山迎来了第三度振兴。2002年，开始重建军山景点，修整山路，恢复普陀别院、气象台等历史建筑，新建了承露台、大观瀑布、憩台、望江台等景点。军山重建古寺，重整旧景，以完善的配套设施对外开放。

新修的军山普陀别院坐北朝南，依据山形递次有山门、钟鼓楼、放生池，以及圆通宝殿、观音石刻像长廊和翡翠观音楼等主要建筑。普陀别院供奉观世音菩萨。观音菩萨大慈大悲、救苦救难，是慈悲和智慧的象征，无论佛门还是民间信仰中，都拥有极其重要的地位和影响。

在佛教文化传播中，观音菩萨的形象，自古以来就蕴藏着深厚的文化内涵。军山圆通宝殿供奉着千手千眼观世音菩萨像,两侧长廊镌刻着观音菩萨在救助众生、惩恶劝善时,所幻化的三十三种化身,每尊化身都以场景、姿态及所持法器来代表不同的法门。翡翠观音楼供奉普陀别院的镇山之宝"翡翠观音"。这块巨大的翡翠世间罕见,经我国南北玉雕大师联手雕琢,达到了佛教文化内涵与玉雕艺术形式的和谐统一,成为当今翡翠艺术珍品和玉雕观音至尊。军山普陀别院以多种精美的观音造像,为公众解读博大精深的佛教历史和文化。

第三节 剑山文殊院

因为山势高峻险隘,剑山历史上的道观、寺庙规模不大,也不及狼山和军山那么兴盛。狼山总兵王扬德开发军山时,剑山也得以同步开发。此前剑山东南半山腰已建有道教玄帝殿,但几近倾圮,王扬德重修玄帝殿,并在剑山之巅新建了佛教地藏殿。

玄帝即玄武,本为中国古代神话中的北方之神,东汉时成为滋养万物生存的水神和阴阳交感演化万物的象征。唐宋以后逐渐人格化,演变为道教神仙中赫赫有名的尊神玄武大帝。明朝初期,燕王朱棣发动"靖难之变"夺取王位,自称得玄武显灵相助,宫廷和民间各地开始大规模修建玄帝庙。在道教文化里,玄帝又称真武帝,有保国宁家,赐福消灾的职能。剑山玄帝殿，应该建于明初玄武大帝声势显赫、民间信仰最为鼎盛的阶段。

地藏殿是佛寺的重要配殿之一，主供地藏王菩萨。在佛教文化中，地藏与文殊、观音、普贤四大菩萨各有表征：文殊表智慧；观音表慈悲；普贤表行践；地藏表的是先度尽众生脱离苦难，最后才升级成佛的大愿力。狼山广教寺也设地藏殿，位于支云塔的底层。此处地藏殿的须弥座实为支云塔的阶基，这种形制在中国佛塔建筑中绝无仅有。虽是由于山顶面积狭小，难以设置诸般殿堂的缘故，但出支云塔底层之檐而为殿，却也很好地展现出地藏菩萨的重

剑山文殊院

要表征。所谓"我不入地狱,谁入地狱?"地藏殿无论位于宋代的狼山支云塔底层,还是明代的剑山之巅,都代表着甘为别人离苦得乐而牺牲自己的伟大精神。

清初"禁海令"火烧军山,邻近的剑山僧众也遭驱赶,道教和佛教建筑都几近荒废。清代中叶以后,山顶修复扩建为地藏庵,山顶西北新建药师殿,东南麓望海洞上有朝阳庵,西南回龙冈有回龙庵,南有吉祥庵,西有放生庵。剑山曾一度恢复生机,不久又逐渐荒芜,至清末时,只有雷神祠尚存。

张謇似乎尤其偏爱剑山,曾为剑山留下了许多诗句。他年轻时游历剑山雷神寺,与挚友写下联语"百里蒙羞,山川大神止于此;万方多难,云雷君子意若何"。那是清同治年间,经过两次鸦片战争的失败,以及太平天国的打击,清王朝内忧外患,中华举国维艰。面对西方列强的殖民主义侵略,许多仁人志士投身"洋务运动",希望利用西方军事装备、机器生产和科学技术,寻求富国强兵的道路。此时的张謇虽然还在苦求功名,面对"百里蒙羞""万方多难"的祖国,他以诗句责问各路"山川大神",表达了对时局的高度关切和救国救民的强烈愿望。

1895 年,张謇断然放弃千百年来"学而优则仕"传统道路,回到家乡艰难创业,发展教育和社会公益事业,积极探索"实业救国"的方法。1914 年,张謇在南通的现代化实践取得一定成就，他将六十寿礼悉数捐出，着手再建剑山庙宇。1926年，他再次出资修复剑山庙宇，主供文殊菩萨，同时供奉西方三圣、地藏和药师，总称"文殊院"。

文殊菩萨是佛教文化中的智慧担当，令迷茫者归心、狂妄者谦逊，能让无知无畏者感受教化的力量，是传统士大夫的崇高信仰。张謇的现代化理念，始终坚持以人为本，通过学校教育和社会教化两个途径，致力于开启民智。他从通州师范学校入手，自幼教、小学、中学，至专科、本科，以及聋哑学校和各类职业学校，现代化的教育体系逐步完善。与此同时，张謇创办南通博物苑、图书馆、更俗剧场、体育场和五公园等文化事业，开办育婴院、养老院、残废院，以及栖流所、济良所、游民习艺所、恶童感化院和贫民工场，并且改良监狱，这些慈善与教化兼顾的机构，覆盖到全社会各个阶层。在南通早期现代化探索的大背景下，剑山所兴建的文殊院，无疑成为教化社会，引导民众崇文厚德、尊师重教的一个"教育基地"。

1926年6月，文殊院落成，剑山再度兴旺，张謇以诗作表达了对文殊院落成的喜悦。仅时隔两月，张謇不幸病逝。在他生前所创办的众多企业和社会事业中，剑山文殊院可谓张謇留给家乡的最后一份珍贵的文化遗产。

与军山的命运一样，仅10年后，日本侵略者占领南通，剑山遭到破坏，文殊院一度人去寺空，香火绝迹。直至中华人民共和国成立，狼五山大规模绿化造林，剑山逐渐恢复生机。改革开放以来，继张謇之后重振剑山，几经修整渐成规模。张謇手书的"文殊殿"匾额再次挂在文殊院大殿上。文殊院山门楹联，均为张謇当年所题。对外以"狼山虚左军尚右，海水欲西江正东"，表明剑山的地理位置。向内以"一剑劈开江水白，数帆归送夕阳红"，形象地描述剑山的壮美风光。

进入21世纪，剑山文殊院也完全修建一新。新建的

修善中的文殊院老佛殿

文殊院，将旧时西向狼山，改为面临长江，院内殿宇随之转向，随山形走向横向排开。因剑山山顶的地形局限，布局上依旧一进院落，分列五殿。正中的大殿为文殊殿，供奉文殊菩萨。东、西两侧有观音殿、十王殿，左、右两偏殿为药师殿、瑞王殿。院内竖《剑山文殊院重修记》碑，记载着这次修建的过程。

剑山再次开发时，山上仅存一处庙堂。为重建新院，建设者将百年前的构件精心修护，移建在文殊院西侧，称为"老佛殿"。老佛殿内珍藏着张謇题刻的"文殊台"碑石。如今文殊院正殿旁，树龄已 200 余年的古银杏依然枝繁叶茂。剑山文殊院常年为众生祈福，为学子纳吉，重新展现出繁盛的景象。

第三章

人文遗珍

第一节　摩崖石刻

南通狼五山是一部区域人文历史和文化的"百科全书"。这里有狼五山的古刹钟鼓，还有摩崖石刻、碑碣墓坊、楼塔园林等众多人文遗珍。历代文人墨客游览狼山，不仅留下了大量诗篇和游记，还在悬崖、巨岩上留下了许多石刻。

摩崖石刻，是指人们在天然的石壁上摩刻的文字或造像艺术，具有丰富的文化和史料价值。南通狼五山主要为天然石壁上的刻文，在五山均有分布。目前可以查见的有70多处，其余历经千百年风化，或湮没已久，或因剥落难以辨读，但古文献有所记载，或有拓片存世的还有20处。狼五山摩崖石刻的历史起点为唐末五代时期，距今已有1000多年，此后有南宋时期的8处、明代9处、清代20多处、民国以来9处，还有许多的镌刻年代难以考证。狼五山不同年代的摩崖石刻，大多为当时的政治或文化名人所题，有的刻文记事，有的题名寄情，还有的"到此一游"。这些石刻大多书法精美，富有大然意趣，"五山拱

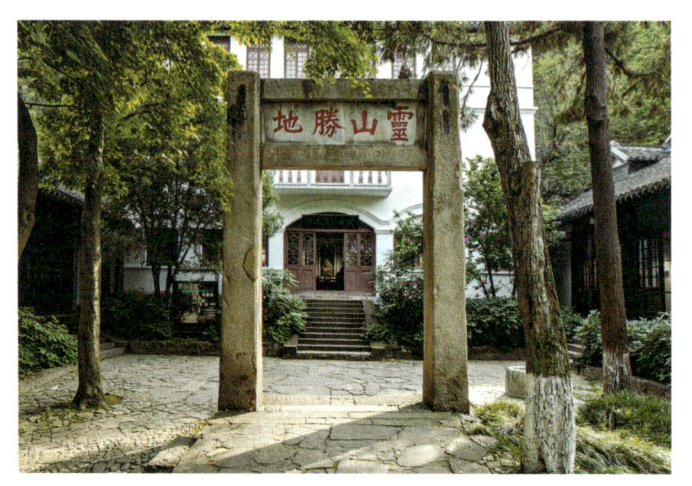

狼山北麓"灵山胜地"石牌坊

北""五山之一"等石刻体量巨大,气势恢宏。

狼五山石刻以狼山北麓最为集中。千余年来,人们在此摩崖刻石,上至山峰、岩崖,下至洞穴、坠石,为秀美的自然风景赋予了深厚的人文内涵。狼山北麓石刻众多,不妨以"灵山胜地"石牌坊为地标,分别向东、西两个方向去欣赏。

石牌坊是狼山"观音禅院"建筑群的重要标志,观音禅院位于"观音岩"下,两者都源自一则民间传说。相传五代时期,狼山还在水中,潮去潮来,朝朝不息。某一天,有一尊石观音像被潮水冲上浅滩,人们将石像供奉于山崖,此处因此被称作"观音岩"。狼山于北宋登陆后,人们在狼山北麓建了"观音堂",明清时已成庙宇"观音禅院"。

观音岩岩崖凸出,势如刀劈,每当海上明月升起,此处的岩石最先披上月辉,因此又称"海月岩"。这一带的岩石层层叠出、裂隙丰富,涓涓山泉常年溜滴不竭,因而又称"滴珠岩"。观音岩左侧有一岩石凸出,状若朝天,称为"朝天岩",又因抬头观望帽落于地,被称作"落帽岩"。关于"观音岩""海月岩"之名的石刻,镌刻于明嘉靖年间,"滴珠岩"具体年代不详,也应为明时所刻。

观音岩往西,有"天祚岩"。岩崖以下有一斜坡,因为石刻最为密集,被称为"题名坡",是江苏省级文物保护单位。这里有题名石刻共15处,大多刻文记事,有的保留了南通地名和最早建制信息,有的记载了城市毁于兵灾的历史,有的记录了狼山和剑山接陆的沧桑变化,为后人留下了宝贵的资料。早在北宋年间,南通就编修过地方志,可惜没能留存下来,目前最早可见的只有明代万历年

刻"海月岩"

石刻"滴珠岩"

狼山"题名坡"

间的《通州志》。狼山题名坡的历代摩崖石刻，因而成为南通最早的"档案库"。

题名坡历代石刻中，最早有唐乾宁元年（894）的石刻残迹，此后有五代天祚年间的两处石刻尤为珍贵，此处岩崖因此被称作"天祚岩"。民国初年，张謇为"题名坡"题名，为考证狼山接陆的年代写下《天祚题名跋》。他还取"天祚"之名，在天祚岩前、石牌坊的西侧构筑了一座天祚山房，成为观音禅院的一部分。

题名坡石刻中，有一处历经千年风雨侵蚀，仅存"天祚""静海"四字，但属古代南通最早以"静海"为地名的重要物证。"天祚"，意为上天赐福，被五代时的南吴睿帝用作自己的年号（935—937）。南通位于濒江临海的冲积平原，古代全球气候的波动，在这里的地理变迁中体现得尤为明显。题刻"静海"的五代时期，正处于走向宋元之际气候变暖的升温通道，汹涌的江海波涛自然不甘寂静。"安静之海"，显然是此时南通民众的最大愿望。

另一处天祚石刻，应属题名坡石刻中的珍品。这幅石刻长宽各80厘米，五行字字大如碗、雍容端庄，题刻者为姚存。石刻右下部已见剥蚀，经过学者考证填补，全篇内容为"天祚三年□月十四日，东洲静海都镇遏使姚存，上西都朝觐回到此"。天祚三年（937）某月十四日，时任"东洲静海都镇遏使"的姚存，从南吴的西都（今南京）朝觐皇帝回来，在狼山摩崖刻石，以作纪念。

这块重要的石刻，从实物上保存了古代南通最早的建置称号。早在唐代，各处边境构建军事防御体系，大凡州以下重要的县治以及关津、险隘等要害地带都设"镇"。镇，

"题名坡"　　　　　　　　天祚石刻

即镇守,这是一种军事建置。唐代末期,狼五山及胡逗洲等沙洲,因扼守长江入海口始设"狼山镇"。"狼山镇遏使"是迄今可知驻防狼山的第一个军职,可见那时的狼五山更多的体现为军事价值。至五代时期,狼五山及周边陆岸、水域沙洲均被南吴占领,先后设置过"静海都镇""东洲静海都镇"。"都"即头目、首领,辖区范围较大的在"镇"上加设"都镇"。来自江南的姚氏家族,割据这里长达半个多世纪,进行了如今南通南部的早期开发,也开始了古代南通城的早期建设。

南宋时的石刻也大多集中在题名坡,其中有一处为绍熙年间赵师睾的题刻,进一步佐证了胡逗洲上有"流人"煮海水为盐的历史。赵师睾是南宋赵氏宗室,曾任工部尚书,颇有地位也不输文采,唯独缺了骨气,为了官位无所不用其极,成语"赵效犬吠"说的就是他的糗事。据赵师睾石刻,他一行到通州的公干为"录囚"。录囚是一项司法制度,司法机关对在押囚犯进行复核审录,以纠正冤假错案。赵师睾来通州"录囚",从一个侧面说明,此时通州所辖的江海沙洲上,囚禁着不少的罪徒。

据古文献记载,早在唐代,胡逗洲及其东部的南布洲、东洲、布洲上,即已设有盐场,煮盐是古代南通的主要产业活动。所谓"(胡逗洲)上多流人,以煮盐为业","流人"乃是流离之人,大多为逃亡流浪来此煮盐谋生的难民,

第三章　人文遗珍

宋石刻"录囚"　　　　　石刻"五山拱北"

也有不少因违法而被流放，在此煮盐受罚的囚徒。流人之外，应该还有因征伐戍边而定居于此的南北军人，以及奔着盐业发达前来淘金的商贩和谋生的盐工。狼五山周边以及东部各大沙洲上，四面八方的流人龙蛇混杂，天南地北的习俗五方杂处，逐步形成了古代南通多元共存的早期文化。历经千余年沧桑变化，盐业在南通政治、经济、社会、文化乃至习俗、方言等各方面，都产生了极为深远的影响。

天祚岩向西，狼山香炉峰如一堵接天高墙。这座山峰形似香炉，天晦欲雨时，有云气从石隙中喷出，如炉烟缥缈，因而得名。香炉峰的苍松翠柏之上，支云塔直插云霄，煞是壮观。香炉峰的悬崖峭壁上，镌刻"五山拱北"，为明代石刻作品，其右下还有"五山之一"四个大字，为清道光年间的题刻。

香炉峰下，与观音禅院相邻的是"林溪精舍"。这是一幢面对悬崖、背临山溪的别墅式建筑，属狼山北麓最具

石刻"磊落矶"　　　　　　　　　　　石刻"小磊落矶"

标志性的景观。林溪精舍为张謇所建,他所写的《新辟林溪记》镌刻在精舍之旁的磊落矶背面。

狼五山崖高壁陡,千万年以来,巨大的山石多有风化坠落,生活在平原地带的人们视若珍宝。狼山北麓园中,唐宋之后的历代文人墨客寄情于这些巨石,为之取名,吟诗题刻的遗迹至今清晰可见。林溪精舍濒水处有两块巨石,右侧大石题"磊落矶",左侧题"小磊落矶",镌刻于1916年,为中国近代金石、书画大师吴昌硕的题篆。在举国城乡凋敝、民不聊生的时代,张謇等南通地方精英,将一个资质普通的苏北小县,打造成"中国最进步的城市"。吴昌硕赞誉南通的现代化建设,无论大事小事,都体现出磊落不凡的胸怀。同年,张謇在其对面题刻"翕崖"。"翕"有顺心、安详之意。张謇以石明志,寓意国泰民安的愿望和期盼。吴昌硕时年七十二岁,张謇也已六十三岁,"翕崖"面对大小"磊落矶",恰似百年前两位老人的一石刻"翕崖"　　　石刻"鼓石"

次简短对话。

山溪之尾有松巅阁,悬崖峭壁之下有翠微亭,亭阁之间还有"鼓石"与"波浪石"。"鼓石"形似惊天大鼓,上面的石刻为明万历年间的作品。"波浪石"一石半悬,石面凹凸不平,一起一伏呈波浪状。远古时狼山处于海中,相传此石受海潮朝夕冲击,形成波痕。"波浪石"之名以小见大,成为狼五山亿万年沧桑变迁的历史记忆。

自观音禅院石牌坊向东,有望岩堂和语梅阁。语梅阁东侧有著名的醒石,题刻"醒石一名盘石",是南宋熙宁年间的作品。它反用东晋大诗人陶渊明庐山"醉石"之意,举世皆醉,唯我独醒。石面上还有"可憩"二字,是明嘉靖年间的题刻。这两处石刻相隔450多年,历代文人对醒石青睐有加,在此野餐,举觞畅饮。酒酣耳热之际,人们或击石狂歌,或对山起舞,或行令吟诗。狼五山的古代诗文里,至今存有不少关于醒石的诗句。

醒石

石刻"醒石一名盘石"　　　　石刻"可憩"

　　醒石之旁有一口宋代的水井,名为"净智泉"。与净智泉紧邻的回廊轩阁叫"鹁鸪阁",也为张謇所建。此阁得名于它身后的山崖"鹁鸪岩",这一题刻也为明代。鹁鸪又叫斑鸠,羽毛黑褐色,天将下雨或转晴的时候,常在树上发出类似"鹁鸪"的叫声,重音在第一音节,且连续重复。北麓园一带岩壁陡峭、林密树高,很多飞鸟在林中巢筑觅食,"鹁鸪"的叫声在此处悬崖间回响,"鹁鸪岩"因而得名。鹁鸪岩下有著名的"仙人洞",三个字镌刻于明万历年间。南通民间传说中,仙人洞是江北与江南之间的地下隧道,曾给两岸民众交往带来很大的便利。后来有居心不良的人在此谋财劫色,大圣菩萨怒不可遏,堵塞了隧道,只留下了如今一个外狭内深的洞口。

仙人洞向东,还有三个洞穴,"朝阴洞""朝阳洞"和"神人洞"。"神人洞"并非天然洞穴,是 20 世纪 50 年代开掘的一条战备坑道,如今成为游人直达狼山南坡的穿山捷

狼山"仙人洞"

径。狼山北麓的洞穴，最大最宽敞的要数"朝阴洞"，古时甚至称它为"千人洞"。每当夕阳西下，落日余晖洒满内外，因此又称"夕阳洞"。"朝阴洞"的洞壁四周也有不少石刻，最早的刻于唐代，有三处为南宋时的石刻，均为游人题款。顾名思义，"朝阴洞""夕阳洞"面西，"朝阳洞"与其相背，面向东方迎着朝阳。"朝阳洞"的石壁上镌刻着"狮窝"，因为它的面前有块巨石，状如雄狮昂首蹲踞，被称为"狮子石"。附近石壁上还镌刻着"狮子林"，这些题名镌刻的年代均为明清时期。

"狮窝"一带已经位于狼山东北麓，这里山体起伏，仿佛横卧的葫芦，称为"葫芦峰"。这是狼山第二个高峰，绝壁之上有著名景观望江亭。走近仰望北麓的山崖，从葫芦峰到鹁鸪岩一带，奇岩叠起，石色赤紫，被称为"紫石岩"。北宋时主政通州的州官认为"狼"字不够雅，还是"琅"字为宜。"琅"本指像玉一般的美石，此后狼山便有了"琅山""紫琅山"的雅称。清康熙年间，狼山广教寺最大的建筑群取名"紫琅禅院"，当年镌刻"紫琅禅院"的碑石，如今镶嵌在藏经楼西壁。

狼山南坡多覆厚土，石不多见，摩崖石刻主要集中在葵竹山房，成为这座著名寺庙园林的特色景观。山房前小径石壁上镌刻着"古梅岭""真画图"，旁边还有多处清代游人题款。走近山房，小径两旁有九块山石形态各异、

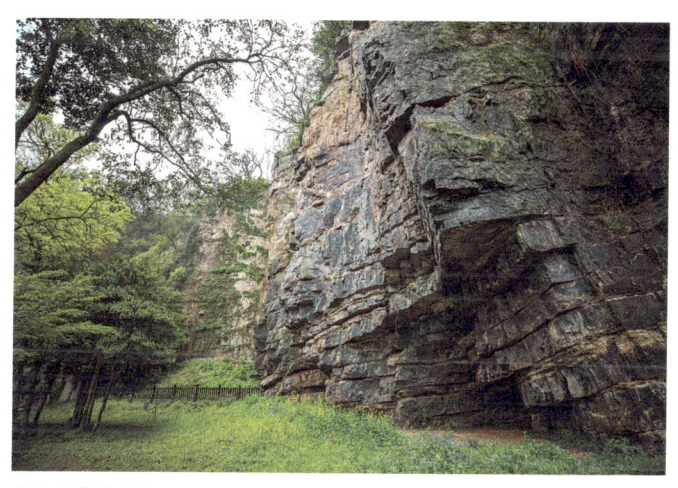

狼山北麓紫石岩

卧立不一，石上刻有古人游山的诗作，其中一块镌刻"迎宾石"。迎宾石犹如九位老僧联袂出迎来宾，有的肃容以待，有的笑容可掬，以博古通今的阅历，向人们述说狼五山的沧桑变化和人世间的逸闻趣事。山房西侧有一处纹理错节的斜坡石板，其上镌刻"待月坡"。待月坡前一石如琴，名为"琴石"。琴石后有山石裂隙，溪流潺潺，称"饮虹涧"。待月坡是狼山赏月的绝佳之地。料想有位老僧送走了游人，定当待月坡前抚琴一曲，听高山流水，看明月浮出江面。长曲未了，皓月当空，银色的光辉已洒满大江，好一番悠然古趣。葵竹山房内还有"半千石""留云桥""纱帽石""小蓬壶""履石"等明清时期的多处石刻。

石刻"真画图"

石刻"迎宾石"

第三章 人文遗珍

狼山"待月坡""琴石""饮虹洞"

剑山、军山、马鞍山、黄泥山四座山上,大凡有名字的地方都有石刻,有石刻的所在都更出名。军山摩崖石刻,属自然景观的有"大山门厓""发仞""水云窝""团瓢""招鹤崖"和"云牙",属人文遗迹的有"燕真人洞""炼丹台""张公坡""刘郎路""苍玉笏""气象台新路记""海平线"等,每一处石刻都记载着一段故事。

石刻"燕真人洞"和"炼丹台"位于军山东南山坳,据传宋代有道士燕幻隐居于此,修行炼丹。"狼五山"名字的最早出现,也与道教有关。1400多年前的南北朝时期,相传有一位名叫虞翁生的会稽(今绍兴)人,受仙人指点隐居在狼五山中。他服食日华,炼丹修仙,最终得道而"乘

石刻"大山门厓""发仞""军山气象台新路记"

石刻"燕真人洞"

云升天"。道教是中国的本土宗教,东汉至魏晋南北朝是道教形成和确立的时期,这个时期的著作,有不少隐居仙岛洞天,服食日月星辰、丹霞之气而修炼成仙的记载。此时一本叫《真诰》的道教文化典籍,以"海中有狼五山"开头记述了这则故事。虞翁生是否乘云升天无从考证,但这则故事提供了迄今为止关于狼五山上人类活动的最早文字记录。

石刻"张公坡"位于军山西南麓,山石凌空架虚,如龙蛇盘曲,似虎豹蹲踞,约有六七米见方。明末清初,曾任狼山副总兵的张之斗拒绝和清军合作,弃官隐居在孤悬江中的军山。他还将四川为官的两个儿子召回,一同归隐

石刻"张公坡"

军山，谢绝慕名而至者，叩门不应。张之斗父子荷锄辟地，以采薇饮酒度日，逐渐形成一块平坦的山坡。张之斗的气节颇有古时的伯夷叔齐之风，受到人们的推崇。清乾隆年间，刘名芳刻"张公坡"三字于张氏父子隐居处的岩石上，从而成为军山名迹。

剑山也有摩崖石刻，"菩提洞"属自然景观。马鞍山石刻"西林""通济闸"均为近代作品。黄泥山摩崖石刻"龙爪岩"，镌刻于20世纪80年代。

石刻"龙爪岩"

第二节 碑碣墓坊

狼五山荟萃了众多的名胜古迹，碑碣和墓坊是其中重要的人文遗存，每一处都承载着独特的区域文化。"军山普陀别院碑""石刻僧伽六度经碑"和"禹王碑"镌刻着宗教文化；"抚台李公平倭碑""康熙御碑（亭）"记载着历史事件。八位历史人物的墓坊（碑亭），有流落通州的史上名人骆宾王、金应，有辛亥革命烈士白雅雨、沙淦的英灵，有古代和近代史上为地方经济文化发展做出过突出贡献的刘名芳、陈实功、特莱克、沈寿和金沧江。黄泥山龙爪岩西北，还有鉴真纪念塔，纪念唐代高僧鉴真东渡日本，在狼山江面两度遇险。

军山普陀别院碑，全称《通州军山新建普陀别院碑记》，立于明崇祯年间，现镶嵌在军山普陀别院院墙上。碑文记载狼山副总兵王扬德广募众资，建成军山主刹普陀别院的历史。该碑由明代著名书法家董其昌撰书。

石刻僧伽六度经碑，镌刻着《僧伽六度经》，镶嵌在狼山广教寺大圣殿东侧墙壁上。经文以狼山开山祖师僧伽自述的口吻，倡导众生孝顺父母、怜贫念病、拯济穷无、不杀众生、不饮酒食肉、不为偷盗六种德行。《僧伽六度经》最早发现于敦煌藏经洞，清代被窃往英国，收藏于大英博物馆。20 世纪 30 年代，通州居士拍摄带回影印件，刻石立碑于狼山僧伽大圣道场。狼山石刻《僧伽六度经》

《僧伽六度经》碑（局部）　　　　　　　禹王碑（岣嵝碑）及拓片

碑，为著名音乐、美术、戏剧、书法艺术家，中国近现代佛教史上的杰出高僧弘一法师李叔同亲书，是难得的艺术珍品。敦煌影印本《僧伽六度经》，珍藏在广教寺藏经楼。

禹王碑，又称"岣嵝碑"，是我国最古老的名刻。狼山禹王碑镶嵌在支云塔院山门东侧的内壁上。原碑位于湖南衡阳岣嵝峰，被称为南岳衡山的"镇山之宝"。字体为鸟虫书篆，形如蝌蚪，苍古难辨，主要记述和歌颂大禹治水的丰功伟绩。西安碑林、绍兴禹陵、武汉黄鹤楼等处，均以岣嵝峰原碑为蓝本摹刻。清道光年间，经擅长篆书的通州人冯晏海两度临写，冯云鹏镌刻，该碑作为神灵之文立于狼山禹王庙，后移至支云塔院。

抚台李公平倭碑，立于明嘉靖年间，记载抚台李遂以"淮扬之战"平息江北倭患的事迹，是江苏省级文物保护

抚台李公平倭碑

单位。

　　倭寇是 13 世纪到 16 世纪左右，侵略中国、朝鲜沿海各地和南洋的日本海盗集团的泛称，因中国古籍称日本为倭国而得名。明嘉靖、隆庆、万历三朝，是倭寇为患最为严重的时期，倭寇与中国沿海的海盗相勾结，从事走私贸易，登岸烧杀抢掠，所到之处满目疮痍、几成荒芜。南通军民全面抗击倭寇入侵，涌现出曹顶、李遂、刘景韶、邱陞、戚纪爵等民族英雄。狼山半山腰"平倭碑"，狼山北麓曹顶墓、倭子坟以及海安西场镇的平倭冢、"刘公平倭冢记碑"，均为明代南通军民同仇敌忾、捍卫民族尊严的历史遗迹。

曹顶墓

明嘉靖年间，倭寇屡犯东南沿海。侵犯南通的倭寇，自吕四、余西、掘港、角斜等盐场登陆，深入如皋、海安、泰兴等地。许多盐民奋起反抗，余西场盐民曹顶愤然应募从军，带领盐民保卫家乡。嘉靖三十二年（1553），曹顶隶通州千户部下，转战长江江面，屡立战功。三十六年（1557）四月，倭寇从掘港入侵，掠夺白蒲镇。曹顶随官军追击，斩杀倭寇多人。至单家店（今平潮镇），曹顶马陷沟堑壮烈牺牲，时年43岁。曹顶殉国后，通州建"曹义勇祠"。直至今日，曹公祠前香火不断，南通百姓世代不忘曹顶的功绩。曹顶墓北有"倭子坟"，原为明代防御倭寇的示警烟墩，相传掩埋了被歼的倭寇。

嘉靖三十三年（1554）四月初二，倭船百艘自狼山江面乘潮而来，3000余敌登岸进攻通州，直达南城门下。军民合力守卫城垣。倭寇围城近月，纵火焚烧城外庐舍及寺观，大肆劫掠，屠杀百姓数千人。三十五年（1556）倭寇再犯通州，明代抗倭名将戚继光的胞弟戚纪爵，率部保卫通州，在狼五山御敌战斗中不幸阵亡。

抗倭"淮扬之战"，是明军全歼窜扰苏北倭寇的一次重要战斗。李遂，明嘉靖时的南京兵部尚书，为抗击倭寇侵扰，担任凤阳四府的特设巡抚。嘉靖三十八年（1559）四月初，被戚继光部打击的倭寇，从江南溃逃。倭舰数百艘自崇明岛渡江，北上攻击狼山阵地。狼山守军战败，数千倭寇登陆，进犯通州、如皋、海安，势如风火，直逼淮扬。海防兵备副使刘景韶扼守如皋，连战丁堰、岔河，并在海安西场仲家园布下"口袋"，取得西场大捷。游击将军邱陞阵亡，百姓筑"邱陞路"以纪念，同时聚埋倭寇成冢，刻石立碑于西场。李遂亲临泰州设防，衣不解带三月之久，大败倭寇于庙湾。"淮扬之战"歼敌3000余人，江北倭患悉平。

陈实功纪念碑，位于剑山西北半坡。陈实功（1555—1636），南通人，我国明代杰出的中医外科学家。陈实功少年学医，从事外科40余年，他学识渊博，尤擅外科，医术精湛。明万历年间，陈实功继承明代以前中医外科成

陈实功纪念碑

就，撰成《外科正宗》，成为中医外科的经典。清康熙年间，陈实功的著作东传日本，使中国传统医学成就蜚声海外。300多年来，陈实功《外科正宗》有50多种版本流行于世。

旧日南通曾经流传着一则陈实功修长桥的故事。南通老城区的南大街有桥梁横跨濠河，原为一座残旧的木吊桥。相传陈实功应苏州巡抚之请，为其母治病。老人病愈后，陈实功婉言推辞了巡抚的重金酬谢，只求出手相助，将通州城南的木吊桥修成坚固的石桥。陈实功被挽留在苏州一月光景，等回到通州，濠河上已经建成一座石砌的长桥。南大街至濠南路的石桥，从此得名"济众桥"，老百姓俗称"长桥"。

第三章　人文遗珍

康熙御碑亭

　　康熙御碑，位于狼山山腰处御碑亭内。康熙为清廷定都北京后的第二代皇帝，他坚定地捍卫了统一的多民族国家，奠定了清朝兴盛的根基，开创出康乾盛世的安定局面。康熙在位61年，留下很多诗文。狼山两块御碑，均为康熙题诗镌刻的石碑。其一《夜对月再成》，为康熙赐给当年狼山总兵刘含高的题诗。其二为《朱子诗》，是赐予时任通州知州施其礼的题诗。御碑亭亦称"碧云天半阁"，建于乾隆年间，小亭坐北朝南，四角玲珑，轩开三面，北壁嵌立两块石碑。

　　骆宾王、金应、刘名芳三墓并列于狼山东南麓，也称"石坊三墓"。骆宾王墓居中，金应墓、刘名芳墓分别位

骆宾王、金应、刘名芳"石坊三墓"

列东、西两侧。三墓各有墓碑,合建三门四柱石坊一座,石柱上镌刻楹联"笔传千史,一檄千秋著;碑掘黄泥,五山片壤栖",上下联最末各有二字被石基遮挡,留下很多猜测。

骆宾王(626—?),唐代著名诗人,为开辟有唐一代文学的繁荣局面做出过重要贡献,被称为中国文学史上的"初唐四杰"之一。骆宾王是浙江义乌人,相传7岁能诗,号称"神童",著名的《咏鹅》是他7岁时所作。初唐时期,武则天废掉刚登基的中宗李显,自己临朝称制,试图进一步登位称帝。开国功勋之后徐敬业起兵讨伐武氏,骆宾王所起草的《讨武曌檄》流传天下,成为中国散文史上的不朽作品。徐敬业兵败被杀，骆宾王下落不明。直至明正德年间，通州城北黄泥口发现题有"唐骆宾王之墓"的石碑及墓茔，随即被掩埋。清乾隆年间，骆宾王墓再次被发现，迁葬狼山。

金应，南宋时期的江南西路兵马都监，庐陵吉水人。他追随南宋政治家、文学家、民族英雄文天祥长达20年，在身边担任书吏。南宋末年，蒙元大军南下，文天祥散尽家财，招募士卒勤王，任右丞相兼枢密使。德祐二年（1276）正月，文天祥临危受命，赴元军大营谈判，因当面斥责元军主帅被羁押。押解北上的途中，文天祥、金应等人在真州（今镇江）侥幸逃脱。一路改名换姓，风餐露宿，躲避元军搜捕。经泰州、海安、如皋逃亡至通州，金应因病去世。危难之中，文天祥将金应薄葬于通州西门外雪窖（今南通城区将军园），希望复国大业取得成功，取金应遗骸归葬故乡。文天祥随即自通州石港入海南下，在福建、江西、广东等地继续聚兵抗元。6年后，文天祥从容就义，留下"人生自古谁无死，留取丹心照汗青"的千古绝唱。金应长眠于通州，清顺治年间迁葬至狼山。

狼山"石坊三墓"的形成，与文化前贤刘名芳的贡献关系很大。清乾隆十三年（1748），古代南通的第二部《五山志》问世，编撰者为福建人刘名芳。他是一位游历华东各地的名士，曾为金山、焦山和宝华山编修山志。乾隆年间，刘名芳来到通州，寓居军山水云窝长达7年，搜罗荟萃，分门别类，精其图绘，撰写了《南通州五山全志》20卷。此时军山山道崎岖难行，乡民沿象鼻岩向上攀登，俗称采药路。刘名芳经过勘察和规划，解囊开凿了自山北"大山门崖"登山的"之"字形山道。人们交口赞誉刘名芳的义举，延请工匠在山间石壁刻下"刘郎路"，地方士绅还为此撰写了《军山刘郎路记》。近300年来，刘郎路成为登临军山的主要通道，游人轻步缓行，沿途树荫蔽日、山花烂漫，在一路观光中不知不觉到达山顶。刘名芳寓居军山时，留下了"水云窝""品泉石"和"张公坡"等题刻，还在马鞍山创建了有有亭、彩虹桥。他考证、移葬了唐代的骆宾

军山石刻"刘郎路"

王墓，重修了狼山金应墓。刘名芳辞世后，通州民众为纪念他对狼五山文化建设和文物遗迹保护的突出贡献，将他安葬在狼山东南麓，骆宾王、金应墓的西侧，形成"石坊三墓"。

近代中国是一个波澜壮阔的时代，社会急剧转型，为寻找强国富民的现代化道路，古城通州的很多有识之士投身于血与火的革命斗争。可谓青山有幸埋忠骨，狼山"英烈榜"上有两位中国早期民主革命的先驱，登山的人们常在此驻足缅怀。

白雅雨墓，位于狼山之巅的大观台东侧。白雅雨（1868—1912），中国近代民主革命家，辛亥革命先驱，中国同盟会的早期成员。他本名白毓昆，字雅雨，出身于通州城区的一个书香门第，是中国最早的地理学研究组织"地学会"创始人，著名的爱国学者。1907年秋，白雅雨应聘至北洋女子师范、北洋法政学堂执教，他通过主编刊物和教学活动，绘制中国固有领土、资源版图，剖析不平等条约，揭露西方列强瓜分我国疆土的无耻行径，痛斥清政府丧权辱国的罪行。他的民主思想影响和培育了许多出类拔萃的青年才俊。中国共产党的创始人之一李大钊曾受业于白雅雨，师、生二人志气相投，对李大钊的成长产生过重要影响。辛亥革命爆发后，白雅雨参与组织大津共和会，联络北京、天津地区的革命团体，策动位于河北滦

白雅雨墓

州的清朝新军进行武装暴动。1912年1月3日,滦州武装起义爆发,白雅雨担任北方革命军政府参谋长。盘踞在北方的袁世凯急调重兵镇压,起义军寡不敌众,白雅雨被捕。面对酷刑,白雅雨宁死不屈,1月7日壮烈牺牲。一个月后,清帝退位,长达2000多年的封建帝制土崩瓦解。同年7月,烈士英灵回到家乡,安葬于狼山之巅。碑文"白烈士雅雨之墓"为张謇所书,烈士的《绝命诗》镌刻在墓碑前的白石上。

沙淦烈士碑(亭),位于狼山山腰。沙淦(1885—1913),中国近代民主革命家。他出生在通州兴仁镇,早年赴日本留学,是中国同盟会的早期成员。1911年,沙

沙淦烈士碑（亭）

淦回国著书办报，宣传革命，参加武昌起义。后任中国同盟会上海分部秘书及江北副招讨使，兼上海都督陈其美参谋。1913年，孙中山发动"二次革命"讨伐袁世凯的独裁统治，沙淦力助陈其美组织敢死队，进攻上海制造局。这年夏天，他返回江北，为红十字会野战医院募集革命经费。沙淦刚抵南通即被袁世凯爪牙所捕，于8月11日壮烈牺牲，归葬丁兴仁镇李观音堂东北。1985年，沙淦烈士百年诞辰，南通市政府在狼山竖碑修亭，纪念这位近代南通的民主革命先辈。

狼五山还有特莱克墓、金沧江墓和沈寿墓，他们都为近代南通建设作出过杰出贡献。

特莱克墓

特莱克墓，位于剑山东南麓菩提洞前。亨利克·特莱克（1890—1919），荷兰水利工程师，在通工作期间因病去世，1919年8月安葬于剑山。

清同治年间开始，江南的常阴沙等近岸沙洲不断扩张，江流向北冲蚀。狼五山附近的江岸出现大规模坍蚀后退，村庄、农田、河港全都坍没入江，江岸保坍成为通州社会治理的要务。张謇多次邀请国内及美、英、荷等国水利专家勘查江岸，制订保坍方案。1916年，年轻的荷兰水利工程师亨利克·特莱克应聘来通，担任保坍会驻会工程师。他沉石筑楗（丁字坝），在迎流顶冲处增建护岸护坡，并亲自督导施工。短短3年，完成了天生港至任港口"分杀

特莱克塑像

水势"的水榭18座,有效减轻了江潮对堤岸的冲刷。保圩筑榭工程实施以后,加之全球气候逐渐升温,再无大的起伏,狼五山沿江岸线才逐渐趋于稳定。狼山距江边不足1千米,这个距离基本维持到现在。100多年过去,除第13号至第18号水榭被冲毁外,其余12座水榭至今屹立于江边,发挥着挡潮的作用。

亨利克·特莱克在通期间,为南通、如皋、海门等县水利工程多有操劳。1919年8月18日,他在沿海的遥望港九门闸工地感染时疫,不幸去世,终年29岁。南通民众将特莱克安葬在剑山南麓,张謇亲自撰写《荷兰工程师特莱克君墓表》,镌石永表纪念。1987年夏,特莱克墓

狼五山沿江水楗

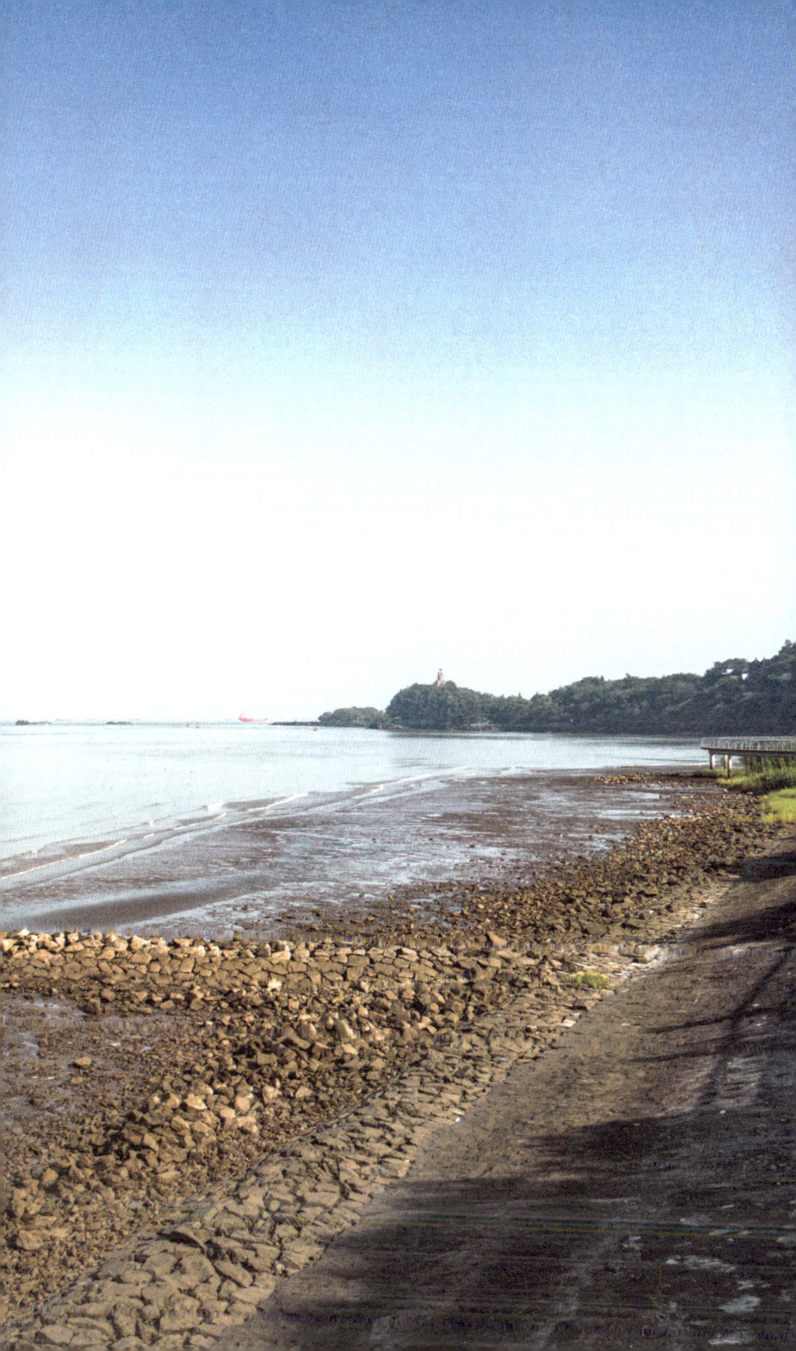

冢移建于剑山东南麓菩提洞前。2016年，特莱克来通100周年之际，荷兰向南通赠送国花郁金香。郁金香花圃如今成为啬园一景，以纪念中荷人民的友谊。

沈寿墓，位于马鞍山东南麓，是江苏省级文物保护单位。沈寿（1874—1921），享誉中外的刺绣艺术家，她独创"仿真绣"，将传统的刺绣工艺提高到极致的艺术境界，在中国近代刺绣史上开创一代新风。

沈寿原名雪芝，号雪宧，生于"苏绣"之乡苏州。沈雪芝天资聪颖，8岁开始学绣，18岁成为有名的刺绣能手。沈雪芝年轻时，她的绣品即进入上海市场，赢得广泛赞誉，当时的代表作《柳燕图》为北京故宫博物院收藏。1904年，

沈寿墓

沈寿塑像

沈寿艺术馆(女红传习所旧址)

慈禧七十诞辰，对沈雪芝贺寿的绣品爱不释手，赞为"绝世神品"，并赐以"寿"字，沈雪芝更名为沈寿。沈寿被聘为工商部女子绣工科总教习。赴日本考察期间，西方绘画对色彩、光影的表现技法，让她深受启发。沈寿在针法上大胆革新，通过丝线的纹理走向更好地表现物态，独创"仿真绣"法。1906年，沈寿绣制的《意大利皇后爱丽娜像》，作为清王朝的国礼赠送给帝后夫妇，轰动意大利朝野。该作品送意大利都朗博览会展出，荣获"世界至大荣誉最高级卓越奖"。此后的1915年，沈寿杰作《耶稣像》，获美国旧金山巴拿马太平洋万国博览会一等奖。

1914年，南通创办"女红传习所"，成为中国第一所培养刺绣人才的专门学校。沈寿应张謇之邀来通，担任所长兼教习。她精心传授技艺、培养人才，使南通绣品形成独特风格，为南通近代刺绣工艺发展打下坚实的基础。由她口授、张謇执笔出版的刺绣理论著作《雪宧绣谱》，填补了我国刺绣技艺研究空白。沈寿积劳成疾，将一生中最后的8年献给了南通刺绣业的发展。1921年6月18日，沈寿因病去世，根据生前的愿望，安葬于南通马鞍山。

沈寿独创的刺绣技艺又称"沈绣""仿真绣"，它通过中国刺绣丝线与针法，表达西方绘画的色彩、光影关系，是中西方艺术相结合的典型表现。仿真绣作品色彩丰富，光泽自然，立体感强，人物生动传神，物像形态逼真，技艺巧夺天工，具有鲜明、独特的艺术风格。2007年，南通仿真绣列入江苏省非物质文化遗产；2008年，列入国家级非物质文化遗产。2009年以来，南通仿真绣作品《奥巴马总统合家欢》《比利时国王夫妇像》和《普京总统肖像》等，分别作为中国国礼赠送来华国家元首，成为中国民族文化的独特标识和国际交往的友好使者。

金沧江墓，位于狼山东南坡。金沧江（1850—1927），朝鲜京畿道开城郡人，爱国诗人。1905年，日本占领朝鲜，金沧江不愿当亡国奴，辞去官职，携妻女来到中国。他受聘至张謇创办的中国近代早期印刷、出版机构"南通翰墨林印书局"担任编校。金沧江精通汉学，活

金沧江墓

跃在南通文坛，先后出版著作《沧江文集》《申紫霞诗集》以及朝鲜历史著作 30 多种。他在南通生活了 22 年，时刻不忘复国救国。1927 年，因中国政局动荡，复国愿望难酬，金沧江在悲愤抑郁中服毒自尽，被后人称为"朝鲜的屈原"。南通民众敬其博学、伤其流离，将他安葬于狼山。

第三节　山舍园林

山舍与园林，既是领略大好风光的绝佳去处，还是组成狼五山人文景观的又一重要元素。五山地区古代和近代著名的山舍园林，狼山南坡有葵竹山房，北麓有观音禅院、林溪精舍，军山有东奥山庄，马鞍山与黄泥山有虞楼、西山村庐，五山北部有啬园。掩隐在狼五山绿树丛中的各类经典古建，无不凝聚着中华传统建筑文化，叙说着古代与近代南通的许多动人故事。

狼山葵竹山房，是中国古典园林中著名的寺庙园林，被收入《中国古典园林图录》和《江南园林志》。所谓"山房"，多为山中的书屋或僧舍，是文化氛围浓郁的优雅之所。"葵"系蜀葵，"竹"为岁寒三友之一，山房内多植蜀葵和青竹，颇有禅意。狼山"葵竹山房"的门额为张謇所题。

葵竹山房位于半山腰，是一处幽静的四合院。这组多重的院落依山取势，参差错落，廊道相连，萦回纡绕，半

第三章 人文遗珍

狼山葵竹山房

门额"葵竹山房"

粟亭、衔石楼、佛堂等亭台楼阁无一不具，形成"庭院深深深几许"的格局。葵竹山房主建筑为法苑珠林，坐北朝南，东房名塔荫堂，西室为退藏精舍，南舍称一枝栖，正屋"法苑珠林"之名源自唐代佛教经籍的书名。葵竹山房北侧绝壁危倚，南可临崖望江，斜上有支云塔巍然矗立，下俯则望江亭翼然相望，四面山水美景。

葵竹山房人文古迹众多，有一泓池水称"青莲池"，池畔为"水云深处"，池上石桥名"留云桥"，旁边的棋亭又称"让一着"，亭内镶嵌着《狼山赋》《狼山行》《秋月登狼山》等13块明清时的游山题诗碑。葵竹山房众多古迹中，尤以李苦李石刻画像备受瞩目。李苦李，名祯，中国近现代著名书画篆刻艺术家。他自幼受困于贫病，自号"苦李"，毕生钻研书画篆刻艺术，声名远播大江南北。李苦李祖籍浙江绍兴，1904年移居南通，任职于张謇创办的翰墨林印书局。他曾住狼山葵竹山房医病疗养，为狼五山创作了不少书画作品。李苦李故世后，人们为他造像，一手握卷，一手执扇，布衣芒鞋，俨然古之君子。石刻画像四周有诸多名家题跋，是纪念和研究李苦李的宝贵史料。

葵竹山房外貌质朴无华，院内草木茂盛，迎宾石、琴石、半千石、屐石等诡奇山石点缀其间，尤以古木与花卉，成为狼山一绝。这里有200多年树龄的罗汉松势如虬龙，500年树龄的桧柏横枝斜出，还有百年吐艳、映衬绿林的

李苦李石刻画像拓片局部（南通博物苑藏）

茶花；七月花开，浑如一树雪团的银薇；三九傲雪，宛若冰屑玉片的蜡梅，以及樱花、玉兰、天竹、牡丹、秋菊和桂花。走进葵竹山房，即走进了唐诗中"曲径通幽处，禅房花木深"的美妙意境。

观音禅院位于狼山北麓的观音岩下，它始于宋代"观音堂"。明代的山志里，已刻印着"观音禅院"的图绘，清代山志的图绘中，此处禅院已成一定规模的四合房。明、清两代，对观音石像和观音岩一带的景色多有诗文咏诵。到清末民初，观音禅院香火衰落，寺院已经残破不堪。

汉民族信仰的神祇中，自古有保佑人们生子有嗣、育儿顺利无灾的送子观音。张謇年近半百方得一子，为感恩

观音禅院、寒园全景

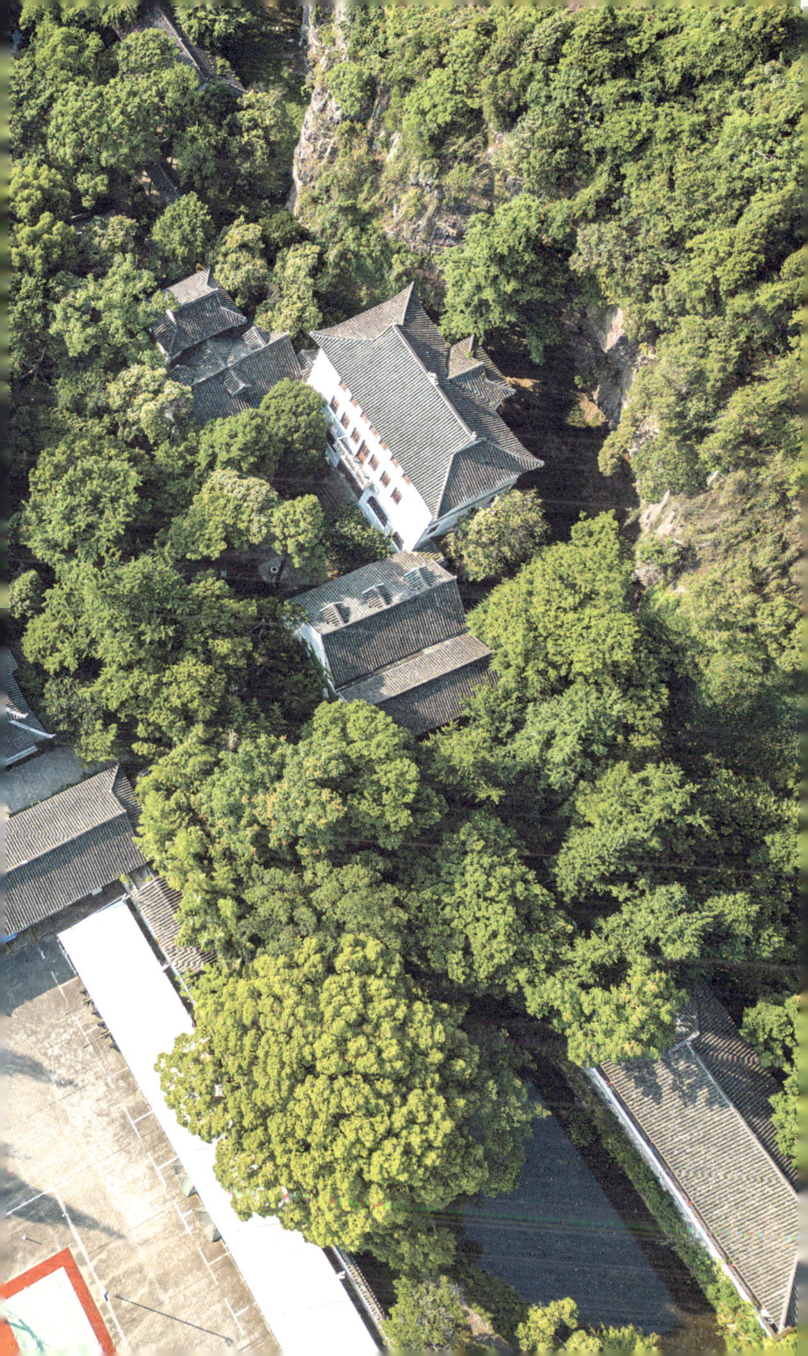

观音禅院

观音菩萨，他写经造像，动工重建观音禅院。张謇重建的观音禅院，其大致格局保留至今。大殿居中，右为"天祚山房"，左侧"望岩堂"是禅院的僧寮。再左有宾馆"语梅阁"，是中国京剧大师梅兰芳曾经下榻的地方。张謇七十大寿时，梅兰芳来南通更俗剧场贺寿演出。禅院之前林溪横亘、小桥流水，迎桥兀立一座石牌坊，其上镌刻着张謇的题字"灵山胜地"。

观音禅院建造不久，张謇又将大殿改建为"赵绘沈绣之楼"。这是一座三层砖木结构的楼房，内部为中式重楼传统格局，楼外圆拱形门，挑小阳台，具有西式建筑风格，是江苏省级文物保护单位。

赵绘沈绣之楼

　　清末时，杭州的宋代古刹辩利禅院日渐凋敝，该寺所藏历代观音画像多达150余幅，辗转至已享誉全国的南通博物苑收藏。张謇将这批画像与沈寿及其弟子精心绣制的观音像一起，陈列在狼山观音禅院这座中西合璧的建筑里。张謇的初衷既为礼佛感恩，也为文物珍藏，同时让公众鉴赏中国书画与刺绣的艺术之美。这些藏品，以元代著名书画家赵孟頫父子的画作及沈寿的绣品最为珍贵，此楼故而取名"赵绘沈绣之楼"。抗日战争爆发，这些藏品转移到上海保存，曾影印画册千部传世，直至20世纪50年代，才回归至南通博物苑。近年来，赵绘沈绣之楼重新布展开放，展出观音像10多幅。其中，赵孟頫画观音作男像，这是佛教初传中国时的早期法像，作品古意深远，极为珍贵。

赵绘沈绣之楼建成后，张謇又在溪流以北扩地，沿禅院的中轴线建造了一座三楹殿阁"讲经堂"。张謇曾聘请著名高僧莅临讲经，还曾在此多次举行大法会，祈祷世界和平，为赈灾和残疾人募捐。

2003年，适逢张謇150周年诞辰之际，狼山北麓再沿观音禅院、讲经堂的轴线向北，新建了纪念张謇的"謇园"。謇园矗立张謇铜像，园内展出沈寿所绣、张謇题字的观音像，还有张謇的书法作品和狼五山明代碑刻拓片。新建的謇园以狼山悬崖峭壁、参天古木为背景，其南部沿

讲经堂

寒园

寒园一角

林溪精舍

袭佛门禅寺庄严肃穆的文化氛围，延续了观音禅院的千年文脉，北部小桥流水、亭榭廊槛，增添了江南园林写意山水的雅致情趣，充分体现出南通山舍园林的人文之美和盎然诗意。

狼山香炉峰下，与观音禅院相邻的有"林溪精舍"，这幢别墅式建筑，成为狼山北麓又一处具有近代文化气息的重要景观，是江苏省级文物保护单位。

张謇认为，人的一生有三个时期：30岁以前是读书时期，30岁到60、70岁是做事的时期，70岁以后又是读书的时期。张謇年将七十时,在五山地区营建了许多别墅亭榭,有的傍山,有的临水;有的在山上,有的靠近江边,大多是冷静优雅的地方。房屋建筑没有宏大华丽的气象,却有茅舍野趣的结构。位于狼山北麓的"林溪精舍",是其中最先建造的静心读书之所。林溪精舍,小桥溪水,松竹成林。酷热的夏季,张謇时常与家人在此避暑。他的独子张孝若,曾经这样描述周边四季如画的情景:

"那林溪之上,筑了堤岸,岸上做成道路,两旁的杨柳种得密密层层地不断,中间夹栽着桃花。到了春天,桃花开得红艳,点缀在一片柳荫中。车马游人,往来不绝,山间的野鹰,盘旋于岩上,风吹麦浪,到处跟人翻荡。到了夏天,一望碧绿,没有一点漏缝。溪内的荷花,田田的开得红白相竞。泛了小艇,绕山溪,穿过荷花,游鱼的锦鳞浮映着浅水,直看到底,清楚得很。到了秋天,满山田野间树叶,渐渐地凋零,在秋容的惨淡中,越发衬出红叶开得鲜艳,桂花的香味,更随人走动。到了冬天,山的真形逼真地露出,只有梅花伴其枯寂,还有一丛丛的细竹和一湾湾的溪水,密密围住。近处看一树一树开得很楚楚有致,远处望来,连成一大片花光,映着有点耀眼,煞是有趣。赏过梅花,又赏樱花、梨花、李花,四时的风景,各有特色,四时的花卉,也接连地开得不断。"(《南通张季直先生传记》,南通张謇研究中心重印,2014年版,第372页)

军山姊妹石

军山东南麓月牙形的怀抱里,曾经有座著名的园林,叫"东奥山庄"。它北倚青山,面向大江,是张謇的家庙所在,也是他晚年时的会友宴客的地方。当年的东奥山庄,接待过来自中外的许多贵宾要员。经历了几多风雨沧桑,园林旧貌不再,如今唯有双石并立、如同姊妹的"姊妹石"讲述着当年的辉煌。

军山姊妹石一高一矮、一胖一瘦,她们并非大自然的安排,而为人工巧置。张謇当年挑选若干美石,竖立在东奥山庄的西侧,为军山增添一处人文胜景。他请来10多名工匠合力竖石，可是巨石极为沉重，第一次起吊时，摇车的绳索经不起负荷而断裂，大石仍僵卧原地。工匠们为此感到惶恐，认为遇上了不吉之兆。张謇体察到大家的心理，提笔写了一纸祭文，祭了山神土地，驱除了工匠们的不安。他让人重点加固了起重的绳索，最终顺利地将两尊巨石竖立了起来。

　　东奥山庄的姊妹石，当年可谓闻名遐迩。两块巨石曲如朝笏，因此文人墨客称之为"朝玉笏"。朝笏，是古代大臣觐见君王时，捧于胸前，用以记事的狭长板子。它常用玉石、象牙或者竹片制成，也称手板。张謇在石上镌隶书"朝玉笏"并为之作铭，比拟美石如玉，傲然伫立。

石刻"苍玉笏"

西山村庐

马鞍山和黄泥山山舍园林，近代有西山村庐和虞楼。

西山村庐，位于马鞍山与黄泥山的北边，也为张謇先生所建，是一处以文会友的场所。主楼名为"介山楼"，寓意介于两山之间。整个院落以江南建筑与江海民居风格相融合，极具特色。如今设为狼山森林公园自然科普馆，侧重展现五山地质地貌与生物生态。

虞楼，位于马鞍山东岭，是张謇当年为纪念其恩师翁同龢而建。翁同龢是中国晚清和近代著名政治家，江苏常熟人。他历仕咸丰、同治、光绪三朝，曾担任同治帝和光

虞楼

绪帝的师傅，并两入军机处，参与晚清王朝内政外交的决策。中日甲午战争中，他坚决主战，被视为"帝党"的代表。甲午战败后，他主张变法图强，所起草的"定国是诏"，拉开了百日维新的序幕。百日维新失败后，翁同龢被革职回乡，于1904年在常熟虞山辞世。翁同龢与张謇师生间志同道合、情谊深厚。他对张謇回乡开展"实业救国"的建设事业给予了高度肯定和很大帮助。登临虞楼，透过雾霭江烟，可以隔江远眺常熟虞山，张謇以此表达对恩师永远的纪念，虞楼因此又称"望虞楼"。

啬园，位于狼五山以北，其核心区域是张謇先生的墓园。1926年8月24日，张謇因病去世，南通各界举行了庄严隆重的悼念仪式，将他安葬在这里，人们称为"啬公墓"。

啬园之"啬"，取自于张謇的号。张謇献身于家乡的建设事业，一生粗茶淡饭，生活勤俭，以"啬翁"自称。伴随张謇安息的物品也简朴至极，没有金银珠宝、玉石器物，只有一顶礼帽、一副眼镜和一把折扇，还有一对金属的小盒子，里面分别装着他的一粒智齿和婴幼时的一束胎发。张謇墓后伫立着他的青铜立像，身着西服大衣，手持文卷，神态端庄凝重。他的目光所及，有五山、有长江、有风起云涌的世界大潮，更有苦难中奋力崛起的中华民族。

啬园的主体建筑有张氏飨堂与憩厅，这里以大量的实物和图片展现张謇先生的生平事迹。啬园景观"崇门追远"，是一座重檐斗拱的中式牌楼型大门。大门左、右两幅砖雕，分别为"大生码头"和"通州师范学校"，着重体现张謇"父教育、母实业"和"实业救国"的理念。大门的门额各有石匾，正面为"追远"，背面是"薪传"，表达了后人对张謇先生的追念和对张謇精神的传承。

啬园林森葱茏、秀丽雅静，是南通规模最大、独一无二的珍贵天然植物园。张謇爱好植树，他生前即在此植树造林，营植了许多珍贵的树木。他去世后，国内外的亲朋

第三章 人文遗珍

张謇先生铜像

张謇墓

崇门追远

好友带来了日本柳杉、璎珞柏、台湾杉、大龙柏、赤松、枸骨等各地珍稀树种，种植在墓园四周，以寄托缅怀之情。近百年来，南通人民始终铭记"前人栽树，后人乘凉"的道理，坚持以植树造林的方式纪念这位先贤。如今的啬园，各类古树名木有1万多株，涵盖了59科、140多种。良好的生态园林环境，吸引了数十种野生鸟类在此安家落户。历经多次扩建，啬园目前已形成墓茔区、纪念区，以及生态与休闲四大区域，成为自然与人文、传统与现代特色兼备的生态园林，是体现南通近代文化内涵的全国重点文物保护单位。

狼五山地区重要的人文遗珍,还有鉴真东渡遇险纪念塔(亭)和狼山天主教堂。

黄泥山石刻"龙爪岩"西北,有"鉴真东渡遇险纪念塔"濒江而建。这是一座仿唐经幢式建筑,汉白玉花岗岩砌成,高7.6米,象征鉴真76年的人生历程。塔基刻有鉴真生平事迹的浮雕。纪念塔附近有四角重檐方亭,纪念亭内设汉白玉浮雕墙,绘鉴真像。

唐代时,高僧鉴真东渡日本,讲授佛学理论,传播博大精深的中华文化。鉴真六次东渡,第二、第五次均在狼山江面遇险。鉴真东渡历尽艰难险阻,他以海纳百川的开放胸襟,慈悲普度的悲悯情怀和坚韧不拔的精神意志,赢得了中、日两国人民的尊敬。

狼山天主教堂,又称狼山露德圣母堂,位于狼山北侧。清乾隆初年,崇明、海门一带成为天主教传播的重要基地。19世纪末,天主教会在狼山南麓江边始设教堂,因长江侵蚀,岸堤塌陷,迁址狼山北麓。狼山新天主教堂由当年的中国著名建筑设计师潘世义设计督造,融合了近现代与东西方的建筑风格,许多环节都蕴藏着深刻的宗教、时代、民族和地方文化等内涵。1937年5月9日,狼山露德圣母堂落成,此时距北京卢沟桥"七七事变"仅两个月,距

狼山天主教堂

8月13日淞沪会战爆发、8月17日日军空袭南通城仅三个月，全面抗战一触即发。教堂钟楼高30米，设计师运用哥特式建筑尖塔高耸的特点，以轻盈修长、垂直冲天的战斗机造型，既呈现独一无二的现代派风格，又反映出设计师强烈的爱国精神，成为南通人民不畏强暴、同仇敌忾、抵御外辱的历史见证。

第四章 典故传说

第一节　秦始皇驻军狼五山

军山与剑山，之所以有着如此英武豪迈的名字，在古老的民间传说中，大多与秦始皇有关。相传秦始皇巡视南方，曾在此渡江，将烟波浩渺中的狼五山视为前哨阵地，令军队驻扎的山头，得名军山。如今军山炼丹台前的低洼处有一泓碧水，人称饮马池，相传秦始皇的驻军曾在此饮

剑山与军山

马。也有一说，最早在山上驻军的，是比秦始皇还早200多年的吴王阖闾，即吴王夫差的父亲。那时的狼五山，确实曾是吴国的地盘。至于剑山，相传秦始皇曾经在此山磨过宝剑，故而得名。历史上，剑山东南曾有块长达丈余的磨剑石，后因年久风化坠落于江中。旧传秦始皇曾在此石磨剑，历经千年剑迹犹存，因而剑山还曾叫作"剑迹山"。

军山、剑山之名来自秦始皇的传说，而狼山北麓有处"神人鞭岩"，则来自秦始皇的神话。狼山北麓的岩石上下交叠，齐整而多缝，传为神人挥鞭抽打的遗迹。有神话说，秦始皇想去看看太阳升起的地方，无奈有东海的汪洋阻隔，一直不得前往。有位神仙挥舞起长鞭，将起伏的山

神人鞭石

峦驱赶入海，化作逶迤的石桥直达彼岸。驱山入海之时，有些大山行走的速度慢如老牛，神仙就用长鞭抽打。狼山也为长鞭所抽，因此在北麓留下了很多清晰可辨的鞭痕。

过去地方志的"山川"部分，大多如实记载了这些传说，同时还认为这些传说无以稽考，军山与剑山之名纯属民间相传成习。从历史的角度看，秦始皇在狼五山过江，并且在此磨剑几乎没有可能，但迫于那时的形势，派兵在山上驻防，倒也在情理之中。

秦始皇灭六国、成帝业，天下一统，功高盖世，然而这一过程并非摧枯拉朽那么简单。战国七雄之中，秦国脱颖而出，以"连横"之计破六国"合纵"之策，笼络燕齐，稳住魏楚，消灭韩赵，远交近攻，最终逐个击破，前后花了 10 年时间。

战国后期，秦、楚两国都具备统一天下的条件。虽然那时楚地的文化更为发达，但最终黄河流域的秦国凭借强大的军事力量，消灭了长江流域的楚国。司马迁在《史记》中勾勒出的"东楚"地界，大致为如今长江下游的江苏区域。秦军的铁蹄一路向东，有很多韩国人、魏国人和楚国人，被迫东迁至东楚地带。司马迁记载了当时人们的预见，即便楚人只剩下三户，也必能灭掉秦国。

事实也确实如此，包括后来建立大汉的刘邦和辅佐刘邦的"汉初三杰"：张良、韩信与徐州人萧何，全都生活在东楚地带。位于北方的燕国有荆轲刺秦王，同一时期，东楚拼死刺秦的，是韩国三朝宰相之后张良。张良为报仇复国，散尽家财训练大力士，专程赶到河南博浪沙刺杀秦始皇，失手后不得不在下邳（今徐州睢宁）苦读兵书，留下了"拾履之羞"的故事。韩信也是韩国贵族之后，祖上曾作为"质子"被派往楚国，以换取两国邦交互信。韩信家道中落，虽然熟读兵书，却流落在淮阴街头，留下了"胯下之辱"的故事。还有在徐州沛县担任亭长的刘邦，他在咸阳见到过秦始皇，感慨说："嗟乎，大丈夫当如此也！"这些清楚地表明，流亡于东楚的六国王族和贵族后代，时刻酝酿着亡秦的风暴。

在《史记》里，司马迁还记载说，涌动于东南楚地的逆流，让秦始皇寝食难安，于是在位11年五次巡视全国，却先后三度视察东南。秦始皇并非游山玩水，而是张扬强大的皇权威势，迫使六国民众在精神上得以臣服。第一次向西，安抚秦国故土。第二次向东，出巡东方郡县，大多为原六国土地。泰山封禅，刻石颂功后，曾沿东海到了江苏的海州、徐州。第三次依旧东巡，河南博浪沙遭遇张良策划的刺杀，他在齐国旧地芝罘刻石，立誓烹灭强暴，平定四方，继续巡游山东沿海。第四次出巡向北，随后派遣蒙恬三十万大军北击匈奴。

公元前211年，秦始皇第五次，也是最后一次出巡，司马迁记载得比较详细。秦始皇过湖北云梦泽，祭祀虞舜后，浮长江而下，过丹阳（今南京江宁西南），至钱唐（今杭州），登会稽山（今绍兴），祭祀大禹并刻石。返回时，他过吴地（今苏州），从江乘（今南京栖霞）渡江，从海上至琅琊。至芝罘梦见鲛鱼作乱，至平原津突然大病，最后在沙丘平台去世。秦始皇路过吴地（今苏州）时，楚国末年大将项燕的孙子，也即后来赫赫有名的项羽，挤在人群中观看，他脱口而出"彼可取而代也！"叔叔项梁赶紧用手捂住了他的嘴巴。

那时的狼五山还位于江口海域，秦始皇自然选择水面最窄的南京过的江。在军事上，狼五山海域是南北兼顾的堡垒和跳板，为防范东楚作乱，秦始皇没有在此采取什么战术性措施，但在狼五山驻军设防，甚至留作一枚战略性的闲棋冷子，也应属正常。

江口海域的狼五山，春秋战国时期先后经历过吴、越、楚，秦朝之后，迎来了汉朝400余年的大一统时代，虽然目前未见汉代驻军的记载和传说，但也不排除在长江口继续设防的可能。

事实上，此后多个朝代也都这样。晚唐时有"狼山镇遏使"，五代时有姚氏家族军事割据，宋初时形成城山相依的通州防御体系，明代时还有狼山护潮台检阅水师、"车山泓"阻击倭寇的记载。至清康熙十一年（1672），剑山、黄泥山等险要处设有多座炮台。黄泥山炮台的主炮为净瓶炮,水师营还有行营炮、子母炮和提心子炮等,它们与隔江福山炮台两面夹峙长江,史称"狼福渡"。狼山镇老街又称"炮台街"并设有关口,称"江北第一关"。狼山以北的倭子坟,此前为倭寇登陆时向城内示警的烟墩。鸦片战争之后的1842年7月8日,英国侵华海军船行狼山江面,首先摧毁黄泥山炮台。1938年3月17日,侵华日军窥伺狼五山防御薄弱,从黄泥山以西的姚港登陆,随即向东掠杀,占领南通。1949年1月31日,解放军先头部队逼近南通城郊,炮击狼山及姚港国民党守军阵地;2月2日,解放南通城。20世纪50、60年代,为防止外来挑衅,军山、狼山打通山体,建造了战备工程。

魏晋以来,狼五山逐渐成为宗教文化的名山;宋元以来,狼五山增添很多人文遗迹和景观。然而,纵览古往今来,狼五山最先是一处军事重镇。由此可见,基于狼五山及周边水域的战略价值,秦始皇在此驻军、磨剑,既是传说,也不无可能。

第二节　大圣僧伽与南通

千余年来,提起狼山广教寺的大圣菩萨,在南通可谓家喻户晓、妇孺皆知。相对于顶礼膜拜的佛门各大菩萨、三跪九叩的道门各路神明,南通民众在大圣菩萨面前,既肃然起敬,还更多地充满了亲近之感和亲热之情。

北宋时,有地方官试图以称呼美玉的"琅"字,替代似乎不够文气的"狼",雅称狼山为"琅山""紫琅山"。虽然儒雅至极,但并未受到平民百姓的欢迎。淳朴务实的南通人始终保留着来自先民祖辈的历史记忆,非常坚定地认为,狼山曾经有狼,出没于这里的是一匹少见的白狼精,是法力无边的大圣菩萨赶走了山上的狼,因而直呼"狼山"至今不改。

南通的民间传说这样讲:有一匹白狼非同寻常,它成精占据了狼山。白狼时常作怪,弄得山上山下冷落荒凉。有一天,大圣菩萨云游到了这里,他决心为民除害。大圣收拾起本相,变作一个行脚僧人,他与白狼精商量,在此歇个脚,只借一件袈裟大小的地方。狼精暗想,偌大个山冈,区区一衲之地也算不了什么,于是慨然应允。不料,大圣脱下袈裟便念起了咒语,袈裟越来越大,竟然遮遍了全山。白狼精见状吓坏了,仓皇逃遁,从此以后,狼山再也没了白狼为害的踪影。狼山从此有了广教禅寺,成为大圣菩萨的道场,历代佛事绵绵、香火不断。

关于"大圣菩萨借狼山"的传说,2014年7月,香港凤凰卫视《文化大观园》栏目曾做过一次采访。现今广教寺的佛门弟子这样讲:眼见大圣僧伽的袈裟越来越大,盖满了全山。白狼说,您是菩萨化身,我的善根远远不及,

大圣僧伽像——江淮弘法（狼山南大门浮雕）

大圣僧伽像——由凡入圣（狼山南大门浮雕）

应该离开。大圣说，一切从缘而来，你在此山修炼了几百年，就将名字留下来吧。于是，此山取名"狼山"。播出的节目中，主持人对大圣菩萨的传说深为感慨：这才是慈悲情怀的至高境界。

这位境界至高的大圣菩萨，在历史上确有其人，是一位心念民众、大慈大悲的高僧。据记载，他叫僧伽，是唐朝时期碎叶城人。碎叶城位于中亚，大致在如今吉尔吉斯斯坦首都东部的楚河流域，是"丝绸之路"两条干线的交汇点和东西方使者的必经之路，也是大唐王朝在西域设防最远的一座边陲城市。

僧伽少年出家，30岁时离开家乡，一路东行传法，云游到了长安和洛阳，为人治病，名声大噪。唐高宗时期，僧伽来到江淮一带弘扬佛法。据宋代的僧伽传记，他到大唐53年，其中在江淮地区的时间长达50年。他长期住持泗州临淮（今江苏盱眙）普照王寺，教化民众，医病扶伤，为有求者消灾祈福，与水乡泽国的百姓一起治水救灾。唐中宗李显尊僧伽为国师，僧伽大师的悲悯情怀和济世行为，让唐朝人视为观音菩萨的化身。僧伽圆寂30余年后，唐代大诗人李白写《僧伽歌》，以精美的诗句再现僧伽行状，记述在京师期间见闻的僧伽故事，表达了对高僧心仪神往的深切感情。

2005年11月，江苏省联合考古队、在江阴悟空寺华藏塔址的地宫内出土石函和铭文，发现了安藏于塔下千余年的僧伽舍利。2009年12月，僧伽舍利以及鎏金佛指、凤首座龙、水晶球等一同出土的珍贵文物迎至狼山广教寺巡展。僧伽舍利供奉瞻礼，之所以在狼山隆重举行，并且长达一个月，是因为广教寺不仅是大圣菩萨的道场，大圣僧伽还是狼山的开山祖师。

狼山禅宗寺庙的建设，是从唐高宗时期开始的，也即僧伽大师来江淮弘法后不久。北宋太平兴国年间，确立僧伽大师为狼山开山祖师，在狼山之巅建大圣殿奉祀僧伽像，同时建造支云塔纪念僧伽。僧伽被奉为"大圣国师王菩萨"，从此南通民间称他为"大圣菩萨"。

狼山之巅的支云塔，是一座僧伽纪念塔。南宋时，著名的宋词大家陆游在他著作中，记录了这样一则传说：宋徽宗宣和末年，有位富商曾捐出巨款三万缗，将泗洲普照王寺的普照塔修葺一新。数年后，富商回乡。舟行江中，忽见上游有座佛塔漂浮而来，及近细看，竟然是泗洲普照塔。只见塔中走出一个和尚，合掌告诉说：修塔的施主，淮南大水，僧伽大师命我将此塔送往东海神山。和尚说罢，江面狂风大作，宝塔东去如飞，直飞至狼山之巅落定，狼山自此有塔。

陆游笔下的传说确实有些神奇。500年后的清康熙年间，奉祀僧伽的泗州普光王寺，与泗州城一起被淹没在洪

通三塔之狼山"支云塔"

泽湖水下。供奉僧伽大师的狼山，因此成为大圣菩萨的唯一道场，而江阴出土的舍利也成为僧伽大师存世的唯一法身。

关于支云塔来历，南通的民间传说又是另外一个版本。从前，南通的小孩子都会唱一首儿歌："通州三座塔，角分四六八。两塔平地起，一塔云中插。"其中的"云中插"，便是狼山之巅的支云塔。论起通州三座塔，民间传说的主人公自然离不开僧伽大师。

相传自从用计借到狼山以后，僧伽一心一意将这里修成东南名山、江东大刹。没几年，满山的亭台楼阁，无数的恢宏殿堂。然而，仰望狼山之巅还缺一座宝塔，总觉着逊色不少。于是，他直奔天宫，向托塔天王李靖求援。李天王掌管着全天下的宝塔，他将僧伽带到琳琅满目的库房，任意挑选，尽管拿。

跟前面肩挑"山秧子"的那个山神一样，僧伽也找来了一根结实的扁担。扁担在南通民间传说中多次出现，因为它在早年间的农村是最为常见的农具。话说僧伽暗自思量，得多拿几个将狼山好好儿装扮一下，于是先拣了两个式样不同的宝塔，绑紧了挑在右肩，又抓了个细而长的夹在左侧腋下，一声告辞，挑起扁担就走。天王府门口见几个伢儿拿着小宝塔玩耍，僧伽便又讨到一个藏进怀里，这下心满意足地离开天宫，腾云驾雾往回赶。

毕竟是四个宝塔，肩上的担子越来越重，僧伽一路满头大汗。眼看赶到了通州城，耸立在江边的狼山已经不远，他左手撩起衣角擦了把脸。不料腋下一松，紧夹着的细长宝塔掉落在古城西北角，宝塔落地便生根，成了天宁寺里的光孝塔。僧伽无奈，将扁担换了个肩继续赶路，又没料后头绑着的早已松动，又一个宝塔滑落在古城东南角，成了五福寺里的文峰塔。

僧伽再也不敢大意，赶忙搂紧前头的宝塔，丢了扁担，拨落云头，一脚来到狼山，将它端端正正地安放在山顶最高的地方。人们老老小小拥上大观台，只见蓝天莹莹、白云飘飘，一座方塔金光闪闪，大家忍不住惊呼：好一座支云宝塔！从此，狼山之巅就有了支云塔。僧伽也满心欢喜，还真忘了怀里藏着的那个小宝塔。他解开袈裟准备稍作休息，小宝塔钻出来，骨碌碌顺着山坡滚了下去。僧伽起身紧追，发现它已在山腰生了根，成了如今葵竹山房旁边那个玲珑小巧的幻公塔。

在现实世界里，僧伽大师"挑"回来的通州三座塔，均为五级楼阁式的砖木结构，但年代各异，样貌也有不同。四只角的是狼山支云塔，塔身34.9米，不算太高，但位于狼山之巅，则显得格外引人注目。六只角的是文峰塔，三塔之中它最高，有39米。塔分五级，飞檐翘脊，白墙红柱青铜瓦，显得格外古朴庄重。文峰塔坐落在古城的东北方向，建于明代万历年间，比狼山支云塔晚600多年。据记载，当初筑塔并取名"文峰"，是希望通州文脉润泽、人才辈出，让这座古城更具文化气息。八只角的是光孝塔，三塔之中它最古老，隐藏在古城西北角的寺街深巷，是天宁禅寺的标志性建筑。光孝塔塔身颀长，玲珑挺秀，它建于唐代咸通年间，比狼山支云塔早120余年，比五代末建通州还早90多年。因此，塔下的古碑写着"未有城，先有塔，前人就塔建城"。唐、宋、明三代古塔各见特色，成为通州古城千百年成长史的重要见证。

僧伽大师由凡入圣，虽然被奉为大圣菩萨，但历代南通人与这尊菩萨之间并没觉得有多么遥远，似乎有着可敬

南通三塔之"光孝塔"

南通三塔之"文峰塔"

又可亲的奇妙感情。在南通人心里，大圣菩萨还是那个肉身凡胎的大师僧伽，是一个在世时济世救民，圆寂后护佑百姓，以慈悲情怀赢得万众崇敬的长者。

既然曾经也是位寻常人，那就很难做到有求必应，人人都满意。因此，狼山脚下和南通城乡就有谚语说，大圣菩萨的护佑是"照远不照近"。还有句歇后语拿狼山的山形打比方，说"狼山没后壁——只迎远来的客"。狼山南坡远道而来的香客川流不息，面向南通城的北麓，却陡壁如镜，本地人觉得并未享受到特殊待遇。还有歇后语拿僧伽当年与白狼斗法说事儿，"大圣菩萨借狼山——只借不还"。这句歇后语，民间常用来暗讽身边那些言而无信的人。在南通人看来，即便与白狼斗法，僧伽也应该有话说在明处，有借无还的做法有些不那么地道。

这些谚语、歇后语貌似大不敬，然而南通城乡民众跟僧伽大师的感情千余年来丝毫不减。大圣菩萨的殿堂，当初便取名"僧伽殿"，直插蓝天的支云塔被公认为是专为纪念僧伽大师而建。再比如大圣菩萨的"大"，在南通方言里读如"太"，读上声且专用于称呼僧伽大师。"大圣菩萨"四字中"大"是唯一的逻辑重音，"菩萨"二字反而说得既快又轻。即便在佛门，可亲可敬的大圣菩萨也跟其他菩萨不一样，他常年身着锦绣的御赐龙袍，这在现存中国佛像中是绝无仅有的一个。凤凰卫视《文化大观园》

介绍说,古代历史上曾有100多名僧人做过国师,但受到皇帝亲自册封的只有僧伽。因此1000多年来,广教寺供奉的"大圣国师王菩萨"身着金丝龙袍,并且常年备有黄、红、绿色三套,皇家身份时穿黄,国师身份穿红,大臣身份着绿,根据不同的场合需要来换装。

每年农历三月初三,被认为是僧伽大师的生日,七月初三为成道日,十月初三为涅槃日。这些重要的日子来临,成千上万的南通本地以及来自江北靖江、苏南江阴香客,穿着整洁,身携香袋到狼山朝山进香,广教寺僧人和民众聚集在大圣殿内外作法会纪念僧伽。

僧伽由中亚地区一介普通僧侣,成为道行超凡的高僧,历代皇室贵胄赐封追捧,僧俗信众千余年景仰崇拜。这一方面,反映出中国汉传佛教世俗化和本土化的过程;另一方面,是因为僧伽既治水又看病,坚持50年为黎民百姓做好事、谋福祉。这是僧伽大师自觉修行所成就的正果。

第三节　骆宾王终迹之谜

"鹅鹅鹅,曲项向天歌。白毛浮绿水,红掌拨清波。"这首唐诗,蕴含着健康、豪迈和积极向上的精神,令人振奋,被中华少年儿童昂首传唱了1300多年。

这首诗题为《咏鹅》,作者骆宾王(626—?),是家喻户晓、妇孺皆知的唐代大诗人。他是婺州义乌(今属浙江）人，相传从小机智聪敏，7岁能诗，《咏鹅》是他7岁时所作。骆宾王虽有神童的美誉，但家境清寒，在贫困落拓的生活中度过了早年岁月。

骆宾王走上仕途时，大唐王朝正处于一个非常特殊的历史时期。中国历史上著名的女政治家武则天，正通过后宫参政，逐步走上前台。她长期把控朝政，对实行数千年的封建父权制构成了巨大的挑战。李唐皇室的地位已岌岌可危，唐嗣圣元年（684）九月，徐敬业在扬州发动兵变，试图推翻武则天统治，支持唐中宗李显复位。

徐敬业出身于官宦世家，其祖父徐世勣，字懋功，是随唐太宗李世民开疆拓土、平定四方的战将。徐世勣因功

骆宾王塑像

勋卓著，封为英国公，赐姓李，因此也叫李勣。为号召天下反武复唐，骆宾王代徐敬业撰写了《讨武曌檄》，很快传布到各州县，引起举国震动。骆宾王的文章气势恢宏，表现出极强的感染力和号召力，堪称中国古代檄文第一名篇。扬州兵变不足三月，即被朝廷大军剿灭。兵败逃亡途中，徐敬业被叛变的部下杀害，而骆宾王从此去向不明。

骆宾王的下落，没过多久便引起朝廷的高度关注。武则天年老病重，唐中宗李显重登皇位，他委派大臣郗云卿去各地搜集骆宾王的诗作。好在事情过去还不算太久，当年的目击者、亲历者还多有在世，《骆宾王集》刊印出版时，郗云卿根据扬州等地所调查的线索，在"序言"中给出了骆宾王因兵败逃亡，不知所终的消息。后世的宋代有藏书家说，郗云卿写的"序言"曾有过两种版本，起先的十分简短，写作骆宾王被官方诛杀；后来改为骆宾王出逃，并有详细叙述。由此可见郗云卿的严谨态度，他说骆宾王不知所终，应该是客观可信的。

郗云卿的文字毕竟不是正史，列入古代"二十四史"的新、旧《唐书》均为骆宾王和徐敬业立传，然而，关于骆宾王的下落却出现相互矛盾。成书于五代时的《旧唐书》，骆宾王的结局被记为伏诛。至北宋时，欧阳修等人合撰《新唐书》，骆宾王的下落又写作兵败出逃，不知所终。编撰者曾表示，《新唐书》是《旧唐书》的续修，就骆宾王的结局推翻《旧唐书》的结论,欧阳修等人应该是发掘和掌握到了更为丰富和可靠的资料。

差不多同一时期,司马光主编的《资治通鉴》也刊印出版。然而,骆宾王的结局却不是逃亡,而是伏诛。《资治通鉴》并非一般的编年体通史,它是古代史学为政治服务的一部经典文献。司马光通过分析历代君臣治乱、成败、安危的史迹,侧重于其中的经验教训,为统治者提供鉴戒。徐敬业起兵讨伐武则天,无论其动机如何,均被视为大逆不道和犯上作乱。因此,骆宾王只有跟主谋一同伏法,才能更符合《资治通鉴》以史为鉴的逻辑。

三本重要的正史各执一词,给骆宾王的下落直接蒙上了一层神秘的色彩。相比较而言,还是郗云卿的《骆宾王集》和欧阳修续修的《新唐书》,应该更加接近真相。

骆宾王出逃之后的踪迹,最早出现时已是晚唐时期。这是关于初唐诗人宋之问的一桩逸事。"少年"宋之问,夜宿杭州灵隐寺。他月下作诗,仅吟出了开头两句,接下来搜肠刮肚,怎么都不如意。此时有位燃灯坐禅的"老僧"及时出手,替他对了两联妙句,宋之问因此豁然开朗。第二天再去拜访,"老僧"已无踪迹,"少年"这才得知,昨晚月下邂逅的,竟然是大名赫赫的骆宾王。故事的最后解释说,骆宾王出逃后落发为僧,游历名山到了灵隐寺。还说徐敬业也出逃,在衡山为僧。因为支持唐中宗复位的缘故，骆宾王和徐敬业兵败之时，都得到了很多人的私下庇护。

此后历代，这则逸事多被质疑，考证出许多破绽。宋之问与骆宾王原本是诗友，事实上相当熟悉。两人年龄相差20来岁，更谈不上"少年"与"老僧"的人物设计。关键是骆宾王刚侥幸逃过一劫，竟然潜回江南，出现在人气极旺的杭州灵隐寺，可见传说虽美，但可信度极低。

骆宾王下落的再次出现，已经到了明代。但这次的文献记载很是具体，不仅见人见物，还详细标明了具体方位和地点。

通州城北的护城河外，有一处称为"黄泥口"的荒凉野荡，即如今南通市濠北路的桂花岛景区。明代正德年间，有位曹某在此开挖染制蓝印花布的靛池，无意间掘出一处古墓，石碑题刻"唐骆宾王之墓"。曹某启棺，只见墓主衣冠如新，迅即化为枯骨。曹某大惊，他取走了墓碑，将古墓迅速封土复原。不料此事被旁观者传扬了出去，曹某担心因此惹是生非，砸碎了石碑，又送回深埋在原处。此后不久，地方修订《通州志》，载入了这桩事情。除文字记载，地方志还将唐骆宾王墓，与宋金应墓以及文天祥下海处一起，列为通州三处名迹，并且绘制了地图，标明了所在的位置。

地方志上的这则信息，被不少文人引用在自己的著作

第四章 典故传说

里。至明朝末年，消息越传越广。通州有位叫邵干的士绅写了一组诗，讲述黄泥口骆墓发现的经过，寄往各地发起唱和。来自本地及周边如皋、海门，乃至骆宾王故乡义乌的作品络绎不绝。迄今可查的奉和者就有40多人、诗作近200首。其中很多人来到发现骆宾王墓的地方，拜谒凭吊，赋诗寄怀。这些作品中大量出现孤冢、遗墓、残碑、荒墟，以及祭扫、苔蚀、谒墓等重要信息。发生在明末的这次空前盛况，充分说明了人们对骆宾王的钦敬，以及对他命运的关注和同情。

至清康熙年间，地方再修《通州志》，虽然记载骆墓在东门黄泥口，然而此时的墓址已被河水淹没，人们只能望洋兴叹。至乾隆年间，福建名士刘名芳寓居通州军山，编撰《狼五山志》。他利用冬天的枯水时机，循着地方志记载的位置，带领土工翻挖寻找。此时距明代的曹某首次发现古墓，已过去230多年。功夫不负有心人，刘名芳果然发掘到部分残碑断石，上有"唐骆"二字，其中"唐"字未损，"骆"字下半部已蚀。进一步掘土数尺，拾得部分遗骨。

经当时的州官牵头，将骆宾王墓迁至狼山，与随文天祥抗元殉职的金应将军安葬在一起，意在忠臣义士归于一堂。刘名芳以诗作《得骆宾王遗墓题名断石》两首，详细记录了这一过程。同去移墓的文人以及许多目击者，一起

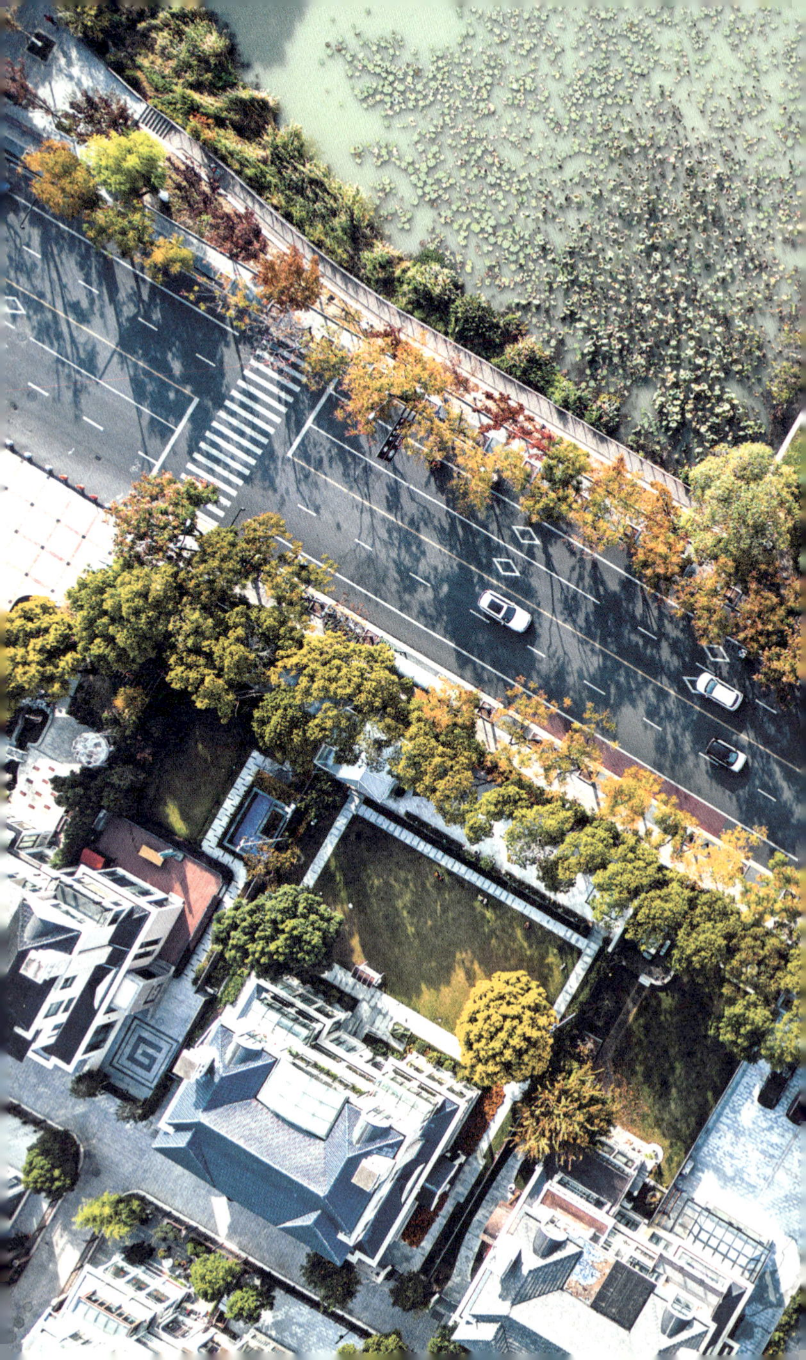

桂花岛景区（旧称"黄泥口"）

见证了现场挖掘过程和所得证物,大多有诗作流传至今。刘名芳去世后,鉴于他为狼五山文化建设做出的贡献,也安葬在唐骆宾王墓旁边,形成了如今狼山著名的人文景观"石坊三墓"。

据《新唐书·徐敬业传》的记述,当年两军接战,徐敬业屡败。官军乘胜追击,徐敬业等人从镇江的蒜山登船,试图沿长江东流入海,逃往朝鲜半岛。不料船行至海陵(今泰州),被大风所阻,部下发生哗变,徐敬业等25人遇害。骆宾王此时乘乱逃脱,应该是最后的活命机会。

如今南通市区及其周边,位于当年的海陵东部。唐代时,长江入海口靠近北岸的这片水域,有生长中的胡逗洲、南布洲和东洲、布洲,以及一望无际的大草荡。除了煮盐的居民,大多荒无人烟。追兵西来,骆宾王仓促脱险,只有自海陵继续向东,进入河港纵横、芦苇丛生的沙洲地带,才是得以逃生的唯一途径。从长远来看,江海交汇的这片荒僻之地,既能于危急时销声匿迹,也利于日后伺机东渡,远投海外。

事实上,也果然如此。明末邵干以谒墓诗发起唱和之时,曾经有位叫李于涛的文人以诗相和。在诗前的引言中,他自称为李勣的三十七世孙,徐敬业是其三十五世祖,因扬州讨武兵败,妻儿眷属逃窜几尽。李于涛称,自家宗谱有详细记载,徐敬业之子李绗,曾与骆宾王一起,趁着夜色向东奔逃,藏身于东洲临海的大草荡才得以脱险,也即如今的吕四地带。自此,李绚成为徐敬业后代流寓通州的一世祖。李于涛说,多年后,徐李氏子嗣繁衍,渐成大族。后来,骆宾王客死崇川(今南通市崇川区),李绚将他安葬在城北黄泥口,并立"唐骆宾王之墓"碑。

清代的地方志,也有信息证明这本"李氏宗谱"的存在,然而只闻其声,难见其影。直至2021年3月,这本《徐李氏家谱》在南通市通州区五甲镇福利村被发现。按谱中所载的辈分字氏推算,如今珍藏着这本宗谱的李自平,当为唐李勣第四十九代孙。经历了数百年的风风雨雨,虽已多有朽蠹残破,但完好保留了各代世系、分布地点等信息,各代主要人物均立有传记。《徐李氏家谱·卷七·列传》第五页的《绚公传》中,清晰记载了骆宾王客死崇川,李绚将他安葬通州城外黄泥口的经过。这部古老的宗谱,系明初重修。按照宗谱所载人物的生平时间推算,明初重修宗谱的时间,还在曹某发现古墓一事之前。

这本《徐李氏家谱》的发现,为骆宾王在南通的最后下落,提供了极为重要的佐证。

第四节 高僧鉴真"狼山海"遇险记

鉴真东渡,是中日文化交流史上的重要事件之一。

大唐王朝社会稳定、国力强盛,各个领域都充满了创造活力，显示出蓬勃生机。唐代的中国，发达的经济、先进的文化均处于世界最前沿，成为世界各国经济文化交往的中心，享有很高的声望和影响。唐代陆路四通八达，海路开辟更多，有三条海上航线连接日本，并且开辟了自广州、越南海到东南亚、西亚及埃及和东非的海上交通，中华文化沿海陆交通传播到世界各地。

唐天宝年间，日本留学僧到达扬州，恳请扬州大明寺高僧鉴真大师赴日讲授佛学理论，传播博大精深的中华文化。10年里，鉴真怀抱着为邻邦兴隆佛法、创立律宗的纯正的志愿，舍生忘死，六次东渡，但五次都遭到失败。除第一次与第四次属人为的阻碍外，第二、第三、第五次都因遭遇海上风浪的袭击，或船破沉没，或随风漂流，历尽艰难险阻。鉴真五次东渡未果，在66岁高龄且双目失明的情况下，第六次渡海，逐岛北航，才到达日本本土。

鉴真大师将盛唐高度发达的律学、建筑、雕塑、医药、文学、书法、饮食等传至日本，对日本文化的发展做出了很大贡献，甚至在传播豆腐、香木、砂糖、纳豆、茶道、酱菜等方面，也影响很大。鉴真东渡的历史事迹被后人广泛传颂，成为中日文化交流的重要纽带和象征。

早在唐代时，即有鉴真大师的传记，记录鉴真历尽艰险、六次东渡的事迹。该书为《唐大和上东征传》，用汉语文言文体撰写。作者真人元开，是日本奈良时代的著名文学家，他于鉴真东渡到达奈良后，曾经得到高僧的亲自化导。《唐大和上东征传》又名《鉴真和尚东征传》，或者《东征传》，在当时的航海条件下，鉴真大师的东渡之路，的确是一次海上远征，充满了巨大的风险和不确定性。

据《东征传》记载，其中两次东渡，遭遇狂风巨浪的袭击，都位于南通狼五山附近水域。唐天宝二年（743）十二月底，鉴真大师第二次东渡。由扬州启航，顺长江而下，航行至位于长江入海口的狼五山水域，狂风巨浪来袭，船体严重破损。凛冽的西北风，将船只吹至长江南岸浅滩

鉴真东渡遇险纪念塔

"狼沟浦"（今太仓境内）勉强停靠。鉴真及其弟子诸人在乌苴草丛里暂避风浪，不料又遇潮涌，水深至人腰。正值严冬腊月，江水冰冷彻骨，鉴真大师一行艰苦备尝，不得不弃舟上岸。

唐天宝七年（748）六月，鉴真第五次东渡。二十七日，鉴真一行从扬州崇福寺出发，沿江而下进入东海。航行至"狼山海"，也即狼五山江面，疾风骤起，巨浪汹涌。鉴真所乘船只"旋转三山"，在狼五山周边回绕盘旋。狼山西侧的马鞍山、黄泥山或许实在太小，狼五山被写作"三山"。

唐时的胡逗洲、南布洲还是江中沙洲，胡逗洲与狼五山之间还有宽约4~5千米的水域，狼五山以南江面比如今更为宽阔。能够航行于东海的自然是大型海船，当日自扬州顺流而下，要不了太久就到了狼五山江面。时值春夏之交，东南风盛行，强对流天气不时出现，鉴真大师出发当日即遭遇台风。此时，江面横风肆掠，暗流旋涌，鉴真一行在狼五山滞留了一昼夜，至第二天风力有所减缓，才得以再行出航。

狂风巨浪面前，真人元开笔下只记有"旋转三山"四字，看似躲避风口浪尖，更像在寻找可供停泊的地方。因风急浪高所滞留的这一昼夜，如果逆着东南风，远去南岸停泊，这绝不合理。如果就近向北航行几千米，在胡逗洲边避风，仅就航海船只的吃水深度，也会在水底暗沙间搁浅。如果就地下锚，在起伏不定的风浪中颠来簸去，其后果更难预料。

鉴真东渡之时，狼山慈航院已经建了近 80 年。山顶建有佛塔，成为方圆数百公里的最高建筑，大雄宝殿在狼山脚下临江而建，也即如今的法乳堂。为便于香客往返，狼山慈航院修筑了渡口和码头。因此，最佳选择应是就近停泊狼山脚下的慈航院码头，甚至进院暂歇一晚。虽然真人元开没有具体记载，但这种可能性似乎更大。

真东渡遇险纪念亭

鉴真东渡，以第五次失败的行程最为悲壮。滞留狼山的次日再起程，然而不久又遇到狂风巨浪，先后滞留舟山等地。不久又出发，东海上风高波峻，鉴真大师所乘的船只被迫随波逐流半个多月，结果南辕北辙，漂到海南岛的振州（今三亚市）才获救。从陆上北返途中，大弟子和迎接鉴真的日本僧人先后病逝，鉴真也染病，导致双目失明。此行历尽千难万苦，一年多后才回到扬州。

如今，南通市在黄泥山龙爪岩旁，建有鉴真东渡遇险纪念塔和纪念亭。纪念塔的铭文写道：鉴真东渡，传播佛法及艺术与医药、建筑、农业等技术，诚推进中日文化交流和人民友谊之空前壮举，千百年来为两国人民共同景仰。兹为缅怀高僧业绩，增进中日人民世代情谊，建此塔永志纪念。

后　记

我是个地地道道的南通人,喝着长江水长大,在狼五山脚下的这块大平原上读书、工作、过日子,如今开始了退休生活。

所谓一方水土养一方人,我自幼深得本土文化的滋养。出于对家乡大地的热爱和对先民遗产的敬畏,退休以来,自我设定了一个新的角色:南通历史文化传播志愿者。近3年来,我时常带着《人文南通的基因密码》等主题讲座,走进市、区图书馆和机关、学校及社区文化场所。通过图片、文字、音视频等多媒体手段,配以简洁平实的解读,与很多朋友一起,走近文物珍宝、文保古迹和非物质文化遗产,走近地方史籍中的重大事件和著名人物。希望能在山川地理与人文历史的时空交织中,进一步了解和发现乡土人文价值,提振文化自信,培育文化自觉。

将所学所长化作星火余热,竟也获得了多方认可,这是我斗胆接下"符号江苏"系列丛书之一《狼山》写作、拍摄任务的主要原因。没料到,这一任务看似不难,实则并不简单。起初以为,自小春游、秋游"上狼山",工作几十年里，无数次陪同远道而来的朋友登狼山、看大江，按理说，家门口的这几座小山再熟悉不过，应该了如指掌，如数家珍。哪知提笔容易落笔难！如何按照出版社的要求，提炼出作为江苏文化符号之一的内涵和意蕴，为中外读者讲好南通狼山的"故事"，在篇章构架、素材筛选，乃至文字风格和图片语言的把握等很多方面，处处皆有学问。

这无疑又是一个难得的学习机会，我有幸得到了多位专业人士的无私帮助。文字篇幅虽然不足5万字，却也三易其稿，历时几近半年。南通市文化艺术创作研究中心陈金屏、江苏凤凰美术出版社编辑王煦等老师全程给予了悉心指导。南通市摄影家协会彭常青老师、南通市江海文化研究会赵春老师，还有南通狼山国家森林公园的多位朋友，为我拍摄各章节所配图片提供了很多援手。在此，一并表示衷心的感谢！尤须特别表达敬意的是：南通一代代文化、史志前辈的辛勤付出，不仅为世人打开了地方历史文化的宝藏，也为我树立了文化自觉和责任担当的标杆。

写作、拍摄的过程中，自然有些领悟和感想，很乐意借机做些分享。

第一章里说到军山气象台与狼山支云塔，至今仍为狼五山景区的两个制高点。为此，我特意航拍了一张照片作为插图。当遥控着无人机，将近代史上的军山气象台，与古代史上的狼山支云塔，设法拍摄在同一幅画面上时，我似乎顿悟出两者之间的某种关联。支云塔始建于宋代，无疑是传统文化的重要载体，而建于100多年前的军山气象台，可谓南通人崇尚科学、追求文明进步的时代象征。这种由传统走向现代的时代象征，除了狼五山的两个制高点，南通还有位于老城区中心地带的西式钟楼与古代谯楼，古今、中外两类建筑物的"哲理性"结合。

那是中华民族遭遇"三千年未有之大变局"的历史转折点，也是中国现代化的开端。人类文明由农耕文明走向工业文明，中国社会从封闭的封建社会转向开放的现代社会。在汹涌而来的世界大潮面前，此时的南通率先扬帆起航，成为中国人自觉、自主的，奋勇争先、奋发图强的"第一城"。这种敢为人先的进取精神，是南通区域文化的亮点之一。

如果沿着山川地理与人文历史的轨迹，继续上溯数千年，我们不难发现，一种海纳百川的包容气度，是南通区域文化的又一亮点。

海洋是地球上最辽阔的水体，奔流不息的长江与海潮合力，先后在大海汪洋上造就出扬泰岗地、扶海洲、胡逗洲、南布洲、东布洲，以及年轻的启海平原。五湖四海的人们移居这日益新生、活力四射的土地上，辟吾草莱，百折不挠，面向海洋延展生存空间。就昔日谋生的产业而言，如从西汉吴王刘濞开凿运盐河起算，南通先民"煮海为盐"的历史绵延了2000多年。自元明之际棉业垦织传入江北，南通作为"土布之乡""蓝印花布之乡"和"纺织之乡"的历史也已超过600年。这源于古代南通的地缘优势和资源优势。古代南通的人文空间参照系，南有吴越，北依淮扬，南北文化在这里交汇、融合，加之四面八方的"流人"龙蛇混杂，天南地北的习俗五方杂处，自此逐步形成了多元共存、包容并蓄的文化特色。

南通的区域文化被称作"江海文化"，就其进取精神似大江奔流，包容气度如海纳白川，却也恰如其名。当海洋承载了工业文明，西风东渐，是以张謇为代表的一批先贤自觉迎向海洋，将空间参照系扩展至全球，主动汲取人类的先进文化，使古通州率先迈向现代化。放眼历史的长河，南通人民由长江走向大海，由千年农耕文明走向近代工业文明；由早期现代化的探索实践，走向新中国社会主义建设高潮，走到当下新的历史时期，奔向实现"中国式现代化"的远大目标。正因为这种包容气度和进取精神，"江海文化"已经成为一种永远面向未来的、大阔步前行的、极具生命活力的、独特的精神存在。

南通狼五山是集宗教、人文和生态价值于一体的五颗璀璨的明珠，也是一本南通人文历史的"百科全书"，以包容和进取为主要特色的区域文化无不融汇其中。站在这个角度去理解，或许能给您的阅读带来一些启发。同时，诚挚欢迎您的批评指正！